Handbuch Fördermittel

für gemeinnützige Projekte und Organisationen

Förder-Lotse

Handbuch Fördermittel

für gemeinnützige Projekte und Organisationen

In fünf Schritten systematisch neue
Zuschussquellen erschließen

Torsten Schmotz

Förder-Lotse
PRAXISLÖSUNGEN

Impressum:

Autor: Torsten Schmotz

Originalausgabe Herbst 2011

Satz, Layout & Titelgestaltung: T. Schmotz

Umschlaggrafik: © Wojciech Gajda – Fotolia

Icon-Grafiken: © dutch icon - istockphoto

Druck: Advantage Printpool

Lektorat: Andreas Huschen, www.panoptes.de

Bibliografische Informationen der Deutschen Nationalbibliothek

Die Deutsche Nationalbibliothek verzeichnet diese Publikation in der Deutschen Nationalbibliografie; detaillierte bibliografische Daten sind im Internet über http://dnb.d-nb.de abrufbar.

Hinweis für die Leser: Alle Angaben wurden von Autor und Verlag sorgfältig geprüft. Dennoch kann eine Gewährleistung nicht übernommen werden.

ISBN 9-3-9801394-2-7 (geb. Buch)

ISBN 9-3-9801394-3-4 (E-Book)

Verlag Förder-Lotse Torsten Schmotz

Flurstraße 15, 91564 Neuendettelsau

Tel.: +49 (0)9874-322 311

Fax: +49 (0)9874-322 312

E-Mail: verlag@foerder-lotse.de

Internet: www.foerder-lotse.de

Inhaltsübersicht

Verzeichnis der Checklisten

Schritt 4: Die Entscheidung

Schritt 5: Die Projektumsetzung

Organisatorisches

Einleitung

Ein Fördermittelhandbuch für Praktiker

Praktiker sind Sie vom ersten Förderantrag an – egal, wie viel Erfahrung Sie mitbringen. Von diesem Handbuch können Sie sich auf dem Weg durch den Förderdschungel an die Hand nehmen lassen. Nach einem ersten Überblick gehen wir gemeinsam Schritt für Schritt durch alle notwendigen Prozesse – von der Projektkonzeption bis zur Schlussabrechnung. Für den Fördermittelexperten ist das Handbuch ein umfassendes Nachschlagewerk zu allen praxisrelevanten Fragen.

Sie möchten ein gemeinnütziges Projekt verwirklichen. Es soll einen wertvollen Beitrag zu unserem gesellschaftlichen Zusammenleben leisten. Aber Sie können es nur dann umsetzten, wenn Sie die nötigen Mittel beschaffen. Die Finanzierung ist eine der größten Hürden für Non-Profit-Aktivitäten.

Mit diesem Handbuch vermittele ich Ihnen das notwendige Know-how, mit dem Sie bei überschaubarem Aufwand Fördermittel für die gemeinnützigen Aktivitäten ihrer Organisation gewinnen können. Mein Ziel ist es, dass Sie dies nicht nur einmal tun, sondern ich möchte Sie dazu befähigen, Fördermittel als festen Bestandteil in der Finanzierung Ihrer Organisation zu etablieren.

Vom Stil her hebt sich das Handbuch bewusst von den bekannten nüchternen Sachbüchern über Finanzierungsfragen ab. Im Förderalltag müssen Sie sich schon genug mit trockenen Ausschreibungstexten und dem Kleingedruckten der Vergaberichtlinien auseinandersetzen. Ganz bewusst beschreibe ich das Thema aus lockerer und erfrischender Perspektive und reichere es mit vielen persönlichen Erfahrungen an.

Viele glauben, die Gewinnung von Fördermitteln sei nur etwas für hoch spezialisierte Experten mit Insiderwissen (oder „geheimnisvolles Hexenwerk“) und die Beantragung und Abwicklung solcher Projekte sei vor allem ein langwieriger und langweiliger bürokratischer Prozess. Seien Sie versichert: Ich würde diese Arbeit nicht machen, wenn man dabei nicht viel Spaß, Bestätigung und Freude finden könnte. Ich möchte Ihnen zeigen, dass Sie sich Schritt für Schritt das notwendige Fachwissen aneignen können.

Meine eigenen ersten Schritte in der Fördermittelakquise waren eher ein „Learning by Doing“: Vor 15 Jahren organisierte ich mit einer Gruppe von Kommilitonen eine internationale Begegnungswoche. Wir hatten ein spannendes Programm ausgearbeitet und erwarteten Teilnehmer aus der ganzen Welt, insbesondere aus dem gerade geöffneten Mittel- und Osteuropa. Klar war, dass wir für viele unserer Gäste den teuren Aufenthalt in Deutschland irgendwie finanzieren mussten. Also machten wir uns auf die Suche nach lokalen Spendern und Sponsoren. Eher zufällig erfuhren wir, dass es auch viele Stiftungen gibt, die Völkerverständigung fördern und dazu Begegnungen von jungen Menschen unterstützen. Ich erinnere mich gut daran, wie wir in mühevoller Nachtarbeit nach den Vorlesungen das Antragsformular ausgefüllt und den Budgetplan zusammengestellt haben. Die Mühe lohnte sich tatsächlich und die Marion Dönhoff Stiftung unterstützte unser Vorhaben mit mehreren tausend Mark. Die internationale Studentenwoche mit 40 Gaststudenten wurde ein unvergessliches Erlebnis.

Seit mehreren Jahren ist nun die gezielte Gewinnung von Fördermitteln für gemeinnützige Aktivitäten und Projekte mein beruflicher Schwerpunkt. In meinen Seminaren und Beratungsprojekten stelle ich oft fest, dass gerade Einsteiger die Förderlandschaft als einen unüberschaubaren Dschungel erleben.

Andererseits haben bereits zahlreiche Non-Profit-Organisationen das große Potenzial des Fördermittelangebots für sich erkannt. Sie haben eigene Stellen geschaffen oder arbeiten mit externen Experten zusammen, die sich hauptberuflich um die Fördermittelakquise kümmern. Dahinter steht die Erkenntnis, dass die Projektkonzeption den Anforderungen potenzieller Geldgeber gerecht werden muss. Passende Förderquellen zu finden, überzeugende Anträge zu schreiben und schlüssige Budgetpläne zusammenzustellen, erfordern eine professionelle Vorgehensweise.

Welche gemeinnützigen Bereiche werden berücksichtigt?

Grundsätzlich decke ich alle Arbeitsschwerpunkte von gemeinnützigen Organisationen und Initiativen ab:

- Bildung und Qualifizierung – von der vorschulischen Betreuung über die schulische und universitäre Ausbildung bis hin zur Berufs- und Erwachsenenbildung
- Projekte und Initiativen der Kinder-, Jugend- und Familienhilfe
- Hilfe für Menschen mit Behinderung oder sozialer oder gesundheitlicher Benachteiligung
- Altenhilfe und Gesundheitsdienstleistungen
- Kunst und Kultur – z. B. Jugendkulturprojekte, kulturelle Bildung und soziokulturelle Projekte
- Natur-, Umwelt- und Klimaschutz
- Internationale Zusammenarbeit – z. B. Praktika, Hospitationen, Partnerschaftsprojekte und Bildungsangebote
- Bürgerschaftliches Engagement und Ehrenamt

Die fünf systematischen Schritte der Fördermittelakquise

Manche Organisationen kommen durch glückliche Zufälle zu Fördermitteln: Während der Projektkonzeption liest man zufällig von einer genau passenden Fördermittelausschreibung, auf die man sich auch gleich bewerben kann. Wenn man Fördermittel zu einem festen Bestandteil in seinem Finanzierungmix machen möchte, muss man systematischer vorgehen.

Aus meiner Erfahrung ist die Fördermittelakquise ein stufenweiser Prozess in fünf logischen Schritten:

- Schritt: Konzeption der Maßnahme mit Ausarbeitung und Festlegung der inhaltlichen, organisatorischen, personellen, finanziellen und zeitlichen Rahmenbedingungen
- Schritt: Recherche von passenden Förderquellen und Ausschreibungen sowie Analyse der jeweiligen Bedingungen
- Schritt: Ausarbeitung der inhaltlichen Beschreibung und der Finanzierung im Förderantrag
- Schritt: Entscheidung der Stiftung über die Förderung – und Entscheidung des Antragstellers über die Annahme der Mittel: Vertragsabschluss
- Schritt: Umsetzung der Maßnahme, Abschlussbericht und Endabrechnung

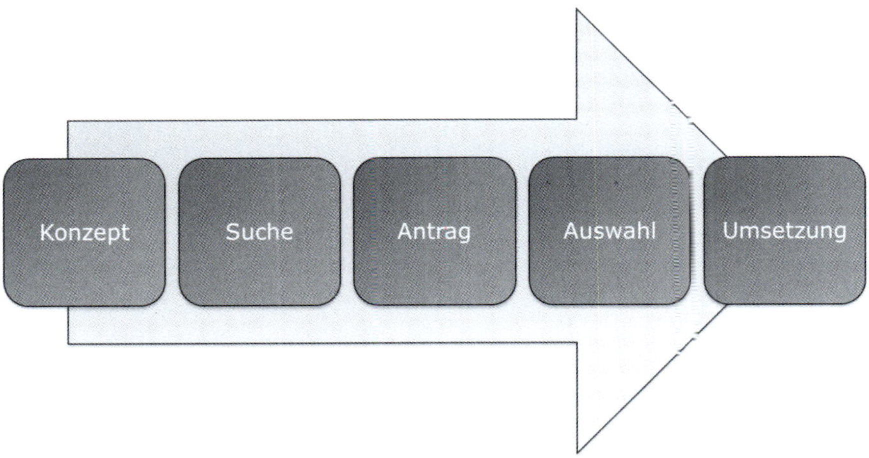

Wie Sie das Handbuch am besten nutzen können

Dieses Handbuch ist nach den genannten fünf Schritten gegliedert. Neulingen in der Materie empfehle ich, die Kapitel vollständig durchzuarbeiten. Wenn Sie dabei bereits ein konkretes Projekt verfolgen, sollten Sie danach einen vollständigen Antrag vorliegen haben. Für jeden Schritt gibt es zahlreiche Praxisbeispiele und Checklisten, damit Sie keine wichtigen Punkte übersehen.

Benötigen Sie gezielt Informationen z. B. zu den Recherchemöglichkeiten von Förderprogrammen im Internet, zur Berücksichtigung von Eigenleistungen im Budgetplan oder zur Darstellung von Nachhaltigkeitsaspekten im Förderantrag, dann können Sie die passenden Antworten schnell in den entsprechenden Abschnitten finden. Nutzen Sie dazu das ausführliche Inhaltsverzeichnis und das Schlagwortregister.

So ist das Handbuch aufgebaut

Teil 1: Am Anfang steht die Idee – das Projektkonzept (erster Schritt)

Nach einem kurzen Einstieg in die grundlegenden Rahmenbedingungen einer Förderung müssen wir als ersten Schritt die Ausgangslage analysieren. Potenzielle Förderer verlangen einen saubere Bedarfsanalyse, eine klare Definition der Zielgruppen und eine überzeugende Zielformulierung. Ebenso wichtig ist die Darstellung der eigenen Organisation als kompetenter und vertrauenswürdiger Partner.

Teil 2: Der Heuhaufen und die Nadel – zielorientierte Suche auf dem Markt der Möglichkeiten (zweiter Schritt)

Die Suche beginnt in der eigenen Organisation und im bestehenden Netzwerk. Viele Non-Profit-Organisationen wissen gar nicht, welche wertvollen Beziehungen sie bereits zu Förderinstitutionen haben. Bei der weiteren Suche müssen wir uns einen Überblick über die weite Förderlandschaft verschaffen – von der öffentlichen Hand über die Stiftungen und Förderfonds bis zu den Soziallotterien. Nicht selten ist die Recherche nach passenden Zuschussquellen sehr aufwendig. Zahlreiche Datenbanken, Portale und Verzeichnisse können die Suche deutlich erleichtern. Ich zeige Ihnen, welche Tools am hilfreichsten sind und mit welchen Selektionskriterien Sie am schnellsten ans Ziel kommen.

Teil 3: Die eigene Idee gezielt verkaufen – der Antrag (dritter Schritt)

Wussten Sie, dass im Durchschnitt nur 50 bis 75 Prozent aller Förderanträge inhaltlich geprüft werden? Das liegt daran, dass viele Antragsteller bestimmte Mindeststandards nicht einhalten. Ich führe Sie sicher durch das Gestrüpp der Formalien, Vorgaben und Kriterien – insbesondere beim Budgetplan.

Teil 4: Der Moment der Entscheidung und die Umsetzung (vierter und fünfter Schritt)

Zu einer Entscheidung gehören zwei: Die Förderinstitution entscheidet, ob sie Ihr Projekt fördern möchte, oder nicht. Absagen gehören zum Alltag auch erfahrener Fördermittelakquisiteure. Wenn Sie eine Zusage erhalten, müssen Sie entscheiden, ob Sie die Förderung annehmen. Wann Sie zugesagte Mittel möglicherweise besser ablehnen, erfahren Sie in diesem Teil.

Wenn sich beide Seiten geeinigt haben, können Sie Ihr Vorhaben endlich umsetzen. Um Ihnen das Leben in der Umsetzungsphase zu erleichtern, habe ich zahlreiche Tipps zusammengestellt.

Teil 5: Einer für alle, alle für einen: organisatorische Voraussetzungen für die erfolgreiche Fördermittelakquise

Ein mittel- und langfristiger Erfolg in der Fördermittelakquise ist nur dann möglich, wenn Sie die erforderlichen Strukturen schaffen. Lesen Sie hier, welche personellen und finanziellen Investitionen notwendig sind und welchen „Return on Investment" Sie realistischerweise erwarten können. Wenn Sie das berücksichtigen, kann die gezielte Gewinnung von Zuschüssen einen kontinuierlichen Beitrag zur strategischen Finanzierung ihrer Organisation leisten.

Teil 6: Werkzeuge für die tägliche Praxis

Hier finden Sie kurz und prägnant zusammengefasst die grundlegenden Informationen über Fördermittel und die besten Tipps und Ideen, wie Sie diese in fünf systematischen Schritten für Ihre gemeinnützige Organisation erschließen können. Damit haben Sie in wenigen Minuten das notwendige Fachwissen wieder präsent.

Teil 7: Literatur, Internetlinks und Adressen

Sie möchten bestimmte Themen vertiefen oder suchen eine Übersicht über alle empfohlenen Internetseiten und Adressen? Dann werden Sie hier fündig.

In diesem Buch verwendete Icons

Das Megafon markiert die wichtigsten Merksätze für die Fördermittelakquise, die jeder, der erfolgreich in diesem Feld sein will, verinnerlichen sollte.

Die Zielscheibe finden Sie neben den Checklisten. Für jede Phase der Antragstellung gehen sie damit sicher, nichts Wichtiges zu übersehen.

An dieser Stelle finden Sie die Praxisaufgaben, mit denen Sie unsere Tipps und Tricks direkt auf ihre eigenen Fördermittelprojekte übertragen können.

Neben der Glühbirne finden Sie Beispiele aus erfolgreichen Projektanträgen. Gerne können Sie Formulierungen für ihren Antrag übernehmen.

Zusätzlicher Service auf www.foerdermittelfuehrer.de

Nichts ist vergänglicher als Internetadressen. Aus diesem Grund finden sie den Großteil der Links nicht in diesem Handbuch, sondern aktuell gepflegt in einem frei zugänglichen Bereich auf den Internetseiten des Handbuchs unter www.links.foerdermittelfuehrer.de

Checklisten sind am hilfreichsten, wenn man Sie direkt bearbeiten und verändern kann. Aus diesem Grund finden Sie alle Checklisten des Handbuchs im Word-Format zum Download unter www.checklisten.foerder-lotse.de.

Jeden Tag werden neue Förderprogramme und Ausschreibungen veröffentlicht. Daher wird dieses Handbuch gezielt durch unsere Internetseiten ergänzt. Unter www.foerder-lotse.de finden Sie jede Menge hilfreiche Informationen:

- Im Menübereich *Förder-News* veröffentlichen wir regelmäßig neue Förderausschreibungen und Sie haben die Möglichkeit, unseren Newsletter zu abonnieren
- Im Menübereich *Praxisseminare* informieren wir Sie über unser aktuelles Weiterbildungsangebot

Besonderer Dank

Ich möchte mich bei meinen Mitstreitern für die Unterstützung bei der Erstellung dieses Handbuchs bedanken, insbesondere bei meinem Lektor Andreas Huschen. Darüber hinaus ein herzliches Dankeschön an unsere Auftraggeber und Seminarteilnehmer, die mich zu diesem Fördermittelhandbuch angeregt haben und denen ich verschiedene Hinweise auf mir noch nicht bekannte Fördermöglichkeiten verdanke.

Feedback und Anregungen erwünscht

Besonders freue ich mich über Hinweise, Vorschläge und Feedback meiner Leser. Bitte senden Sie Anregungen und Kritik an meine E-Mail-Adresse *verlag@foerder-lotse.de.*

Frauen und Männer

Um eine bessere Lesbarkeit zu erzielen, habe ich bei Personenbezeichnungen nur die männliche Form verwendet. Es sind aber natürlich immer Männer und Frauen gemeint.

Viel Erfolg!

Ich wünsche Ihnen viel Erfolg bei der Erschließung von neuen Finanzierungsmöglichkeiten für Ihre Projekte und Aktivitäten.

Neuendettelsau im Oktober 2011

Torsten Schmotz

Teil 1: Am Anfang steht die Idee – das Projektkonzept (erster Schritt)

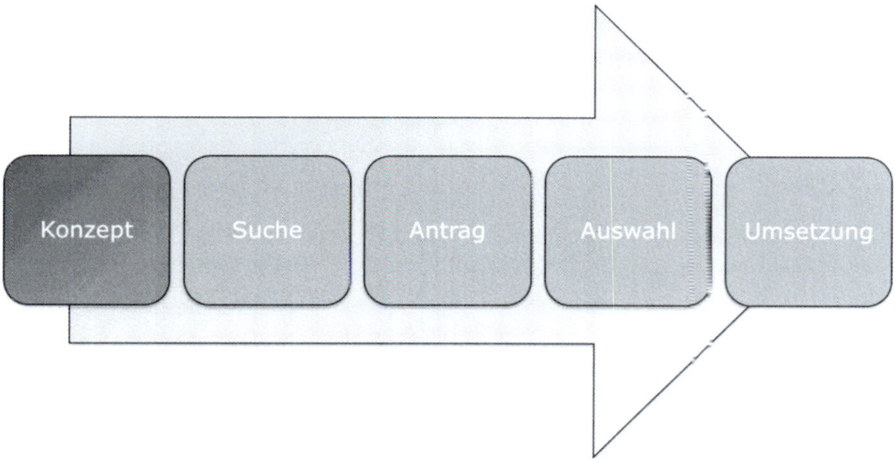

In diesem Teil:

Nach einem kurzen Einstieg in die grundlegenden Rahmenbedingungen einer Förderung müssen wir als ersten Schritt die Ausgangslage analysieren. Potenzielle Förderer verlangen einen saubere Bedarfsanalyse, eine klare Definition der Zielgruppen und eine überzeugende Zielformulierung. Ebenso wichtig ist die Darstellung der eigenen Organisation als kompetenter und vertrauenswürdiger Partner.

Kapitel 1: Einstieg in die bunte Welt der Fördermittel

In diesem Kapitel:

- Definition von Fördermitteln
- Fördermittel verfolgen immer einen Zweck
- Fördermittelvergabe als Dreiecksbeziehung
- Schmiermittel Vertrauen
- Erfolgsgeheimnis Perspektivenwechsel

Zuerst müssen wir uns die zugrunde liegenden Begriffe und Konzepte der Förderung genauer ansehen. Wenn wir finanzielle Mittel für gemeinnützige Aktivitäten erhalten, sprechen manche Geber von Zuschüssen und Zuwendungen, andere nennen sie Subventionen, Finanzhilfen oder Fördergelder.

Definition von Fördermitteln

Fördermittel sind freiwillige Leistungen in Form von nicht rückzahlbaren Finanzhilfen, die von öffentlichen und privaten Institutionen vergeben werden, um bestimmte gesellschaftliche oder wirtschaftspolitische Zwecke zu verfolgen.

Um das Konzept der Fördermittel noch deutlicher zu machen, möchte ich die Unterschiede zu den anderen Finanzierungsarten herausstellen:

- Fördermittel unterscheiden sich von Regelleistungen (z. B. nach SGB) dadurch, dass kein Rechtsanspruch auf die Vergabe besteht, selbst wenn sie von öffentlichen Institutionen vergeben werden.
- Fördermittel unterscheiden sich deutlich von öffentlichen oder privaten Ausschreibungen für Dienstleistungen, weil in der Regel ein substanzieller Eigenbetrag eingefordert wird.
- Auch wenn man von Fördermittel-„Ausschreibungen" spricht, gelten nicht die Bedingungen des Vergaberechts. Der Förderer wählt die Empfänger nach eigenen Kriterien aus, die nicht veröffentlicht werden müssen.
- Im Gegensatz zu anderen Arten von Subventionen, wie z. B. Sonderkredite, Bürgschaften oder Steuererleichterungen, verstehe ich Fördermittel ausschließlich als nicht rückzahlbare Direktzahlungen.

- Die Abgrenzung zwischen Fördermitteln, Spenden und Sponsoring ist insbesondere bei regionalen Förderern nicht immer einfach. So erlebe ich bei der Förderung von gemeinnützigen Aktivitäten durch die örtlichen Sparkassen immer wieder bunte Mischungen. Hier spreche ich nur dann von Fördermitteln, wenn sie im Rahmen eines Vertrags zwischen Förderer und Empfänger vergeben werden und das Hauptziel die Umsetzung eines gemeinnützigen, gesellschaftlichen oder volkswirtschaftlichen Zwecks ist.
- Fördermittel, die an private Haushalte fließen (z. B. Arbeitslosen- und Kindergeld), bezeichnet man als Transferleistungen. Auf diese werde ich im Folgenden nur am Rande eingehen.

Fördermittel verfolgen immer einen Zweck

Jetzt stellt sich natürlich die Frage, welche Zwecke die Förderinstitution verfolgen. Das lässt sich am besten an Beispielen veranschaulichen:

Gut für unsere Gesellschaft

Das Bundesfamilienministerium fördert u. a. den Aufbau von Mehrgenerationenhäusern, das deutsch-polnische Jugendwerk binationale Schul- und Jugendprojekte, die Robert Bosch Stiftung finanziert innovative Forschungsprojekte zur Alzheimer-Erkrankung und die Deutsche Kulturstiftung unterstützt herausragende Kunstausstellungen im Ausland.

So bunt wie unser gesellschaftliches Leben ist auch die Förderlandschaft. Es hat manchmal den Anschein, dass es kein gesellschaftliches Thema gibt, das nicht in irgendeiner Weise gefördert wird. Fünf Hauptbereiche lassen sich dabei unterscheiden: Bildung, soziale Arbeit, Kunst und Kultur, Umwelt- und Klimaschutz sowie Wissenschaft und Forschung. Ein Großteil der geförderten Aktivitäten fällt unter die Definition des Gemeinnützigkeitsrechts.

Gut für das Wachstum unserer Wirtschaft

Ein wesentlicher Teil der Fördermittel wird für wirtschaftspolitische Aufgaben bereitgestellt. Die Landwirtschaft profitiert seit Jahrzehnten von der Agrarförderung der Europäischen Union. Die Automobilindustrie sichert sich Zuschüsse für die Entwicklung von Elektroautos. Die Kommunen finanzieren Existenzgründerzentren und Gewerbeparks und erhoffen sich davon Unternehmensansiedlungen, zusätzliche Arbeitsplätze und höhere Steuereinnahmen. Die Förderung erneuerbarer Energien hat nicht nur Umweltschutzaspekte, sondern ist vor allem ein Konjunkturprogramm für die Hersteller und Dienstleister aus der Branche.

Die wichtigsten Bereiche der Wirtschaftsförderung in Deutschland sind Arbeitsmarktpolitik, Landwirtschaft, Ernährung, Verbraucherschutz, Forschung und Innovation, Strukturpolitik, Verkehr, Wohnungs- und Städtebau sowie die private Vermögensbildung. Dem Subventionsbericht der Bundesregierung zufolge erreichte die staatlichen Subventionen (ohne Steuervergünstigungen) von Kommunen, Ländern, Bund und EU in 2009 das beachtliche Volumen von 30,3 Mrd. Euro.

Fördermittelvergabe als Dreiecksbeziehung

Wie wir gesehen haben, gibt es bei der Vergabe von Fördermitteln nicht nur zwei Beteiligte. Wir sollten uns die Wechselbeziehungen einmal als Bild vor Augen führen:

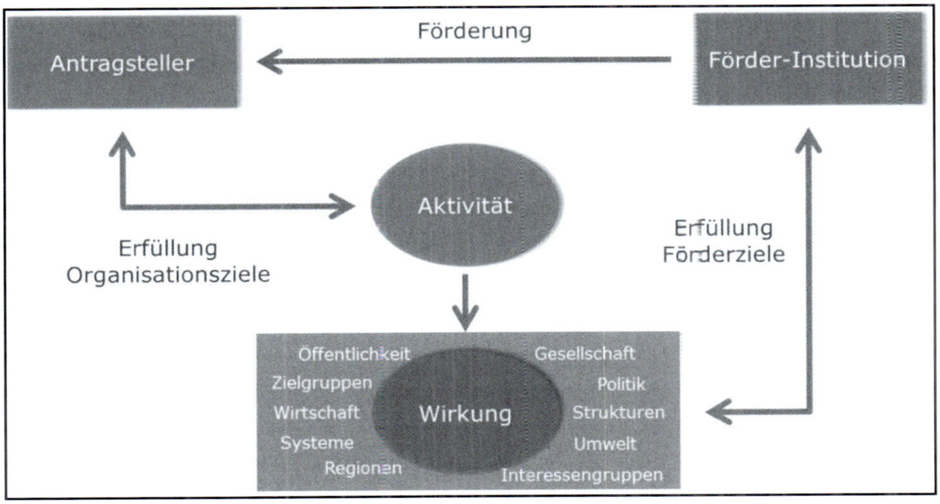

Abbildung 1: Förderung als Austauschprozess

Sie als Antragsteller (dargestellt im linken Kästchen) möchten eine bestimmte Aktivität (Kreis) durchführen, z. B. eine Freizeitmaßnahme für Jugendliche mit Behinderung. Damit verfolgen Sie zunächst einmal die Ziele Ihrer eigenen Organisation. Sie sind vielleicht regionaler Träger der offenen Behindertenarbeit und möchten mit der Maßnahme Ihr Programm attraktiver gestalten, neue Kundengruppen ansprechen und das vorhandene Personal besser auslasten.

Um einen passenden Förderer (rechtes Kästchen) zu finden, müssen Sie eine Institution suchen, welche die gleiche Zielgruppe (unteres Rechteck) wie Sie hat, in diesem Fall junge Menschen mit Behinderung. Darüber hinaus müssen die Wirkungen Ihrer Maßnahme zu den Zielen des Förderers passen, z. B. eine Verbesserung des Freizeitangebots.

Der Geförderte übernimmt die Rolle eines Dienstleisters, welcher den Förderer dabei unterstützt, seine Ziele zu erreichen. Die Förderinstitution hat die Rolle eines sozialen Investors, der eine Wirkung erzielen möchte.

Schmiermittel Vertrauen

Praxisaufgabe:

Wechseln Sie die Perspektive!

Stellen Sie sich vor, ein Ihnen bisher unbekannter Verwandter aus Übersee hat Ihnen unverhofft eine große Erbschaft hinterlassen. Die Summe ist so groß, dass Sie davon einige tausend Euro für einen guten Zweck verwenden möchten. Sie haben drei gemeinnützige Aktivitäten aus Ihrem regionalen Umfeld im Auge, deren Förderung Sie sich grundsätzlich vorstellen könnten. Damit Ihr Geld eine möglichst nachhaltige Wirkung hat, möchten Sie es nicht nach dem Gießkannenprinzip verteilen, sondern die gesamte Summe nur einer Organisation zur Verfügung stellen.

Für die Entscheidung laden Sie die Verantwortlichen der drei Organisationen zu persönlichen Gesprächen ein. Was wären Ihre Fragen und Kriterien, um sich für eine Maßnahme zu entscheiden?

Neben dem Zweck, für den der Geldbetrag eingesetzt werden soll, wäre für Sie sicherlich entscheidend, ob Sie dem Empfänger Ihres Geldes völlig vertrauen können. Der Aufbau eines Vertrauensverhältnisses ist folglich im Fördermittelgeschäft eine zentrale Herausforderung.

Erfolgsgeheimnis Perspektivenwechsel

Ein Förderprojekt geht weit über das nüchterne Verhältnis zwischen Zahlungsgeber und Zahlungsempfänger hinaus, wie wir es z. B. bei der Vergabe von Krediten durch unsere Hausbank kennen.

Voraussetzung für Förderprojekte ist eine vertrauensvolle Partnerschaft zwischen Förderer und Gefördertem.

Eine Förderinstitution hat eine eigene Perspektive auf Ihr Projekt und darauf müssen wir uns bei der gesamten Kommunikation mit einem potenziellen Förderpartner einstellen. Die folgenden Fragen des Förderpartners müssen Sie eindeutig beantworten können:

- Kann ich Ihnen als Projektträger grundsätzlich mein Geld anvertrauen?
- Traue ich Ihnen die Umsetzung des Projekts zu?
- Erfüllt Ihr Projekt den eindeutig definierten Zweck meiner Organisation?
- Passen Sie als Projektträger hinsichtlich der Denk- und Arbeitsweise, der Wertvorstellungen und der Außenwirkung zu mir?

Wenn man mit viel Herzblut an seinem Projekt arbeitet, ist dieser Wechsel in die Perspektive des Förderers nicht immer einfach. Eine besonders große Herausforderung ist es, die entscheidenden Argumente auf den Punkt zu bringen und die Förderinstitution nicht mit zu vielen Informationen zu überfrachten. Daher empfehle ich Ihnen, bei der Projektkonzeption und der Antragstellung einen Kollegen um Hilfe zu bitten, der inhaltlich nicht involviert ist. Er soll bewusst die Position eines potenziellen Geldgebers einnehmen und aus dieser Sicht die von ihnen ausgearbeiteten Informationen bewerten. So können Sie einer Betriebsblindheit vorbeugen.

Praxisaufgabe:

Erste Analyse der eigenen Ausgangssituation

Welchen Anteil haben in Ihrer Organisation die verschiedenen Finanzierungsquellen?

Hat Ihre Organisation bereits Erfahrungen mit der Gewinnung von Fördermitteln und wie lassen sich diese nutzen?

Welche Ihrer Aktivitäten könnten für Förderer besonders attraktiv sein?

Was würden Sie sich außer Geld von Förderern wünschen?

Kapitel 2: Sieger machen ihre Hausaufgaben

In diesem Kapitel:

- Was ist eigentlich Ihr Auftrag?
- Die sieben Leitfragen der Konzeptentwicklung
- Warum ist ein Vorhaben notwendig? – Die Projektbegründung
- Wie lautet die Idee? – Wir haben die Lösung gefunden!
- Was soll konkret erreicht werden? – Auf die Ziele kommt es an
- Da kann keiner nein sagen – überzeugende Zielformulierung
- Wie soll das Projekt umgesetzt werden? – Ein genialer Plan
- Warum ausgerechnet mit Ihnen?
- Warum benötigen Sie überhaupt unsere Unterstützung?
- Konzentration ist alles – die Zusammenfassung
- Warum ist Ihr Vorhaben besser als andere?

Viele Fördermittelanträge scheitern daran, dass man zu wenig Zeit in die konkrete Beschreibung und die interne Abstimmung des Vorhabens investiert hat. Bei der Recherche oder der Antragstellung kann sich dann herausstellen, dass Projektverantwortliche und Vorstand ganz unterschiedliche Vorstellungen und Ziele verfolgen, dass die Verfügbarkeit von finanziellen und organisatorischen Ressourcen unklar ist, dass es bessere alternative Finanzierungsmöglichkeiten gibt oder dass die Zeit bis zum geplanten Projektstart zu kurz ist, um Förderer rechtzeitig anzusprechen.

Was ist eigentlich Ihr Auftrag?

Bevor wir uns daher mit den Inhalten des Vorhabens beschäftigen, sollten Sie als Verantwortlicher für die Fördermittelgewinnung die Rahmenbedingungen Ihres Auftrags kritisch hinterfragen. Dieser Schritt wird leider immer wieder vernachlässigt. Er ist insbesondere auch für interne Mitarbeiter wichtig. Nur mit der vollen Unterstützung Ihrer Organisation können Sie Erfolg haben. Sehen Sie sich dazu die Fragen der ersten Checkliste einmal genauer an:

Checkliste 1: Klärung der Aufgabenstellung

Wer ist genau Ihr Auftraggeber?

- Gibt es einen hauptverantwortlichen Ansprechpartner und wie erfolgt die Abstimmung mit ihm?

Wie lautet Ihr Arbeitsauftrag?

- Welche Ziele sollen erreicht werden?
- Wann sollen Sie beginnen und wann soll das Vorhaben abgeschlossen sein?
- Gibt es für die Aufgabe ein Projektteam und wie sind darin die Verantwortlichkeiten geregelt?
- Welche Erfolgskriterien gelten?
- Wie sind die Kommunikations- und Entscheidungswege definiert?
- Welche Verhandlungs- und Entscheidungsspielräume haben Sie?

Haben Sie Zugang zu den notwendigen Ressourcen?

- Fachwissen und Informationen über das Vorhaben (Inhalte, Finanzen, Kommunikation, rechtliche Fragen)
- Zugang zu den beteiligten/betroffenen Personen, Institutionen und Partnern
- Unterstützung durch Kollegen/Beteiligte, Einbindung in die bestehenden Strukturen und Prozesse
- Eigenes Arbeitszeitbudget
- Ggf. Budget für weitere Unterstützung / notwendige Arbeiten

Hat das Vorhaben ausreichende Erfolgsaussichten?

- Reicht der zeitliche Vorlauf aus?
- Sind die Beteiligten bereit, den Mehraufwand zu tragen?
- Reicht der Eigenanteil aus?
- Unterstützen die entscheidenden Personen das Projekt?
- Sind die Beteiligten und Partner zuverlässig?
- Ist das Thema grundsätzlich förderfähig und lässt es sich ggf. anpassen?

Praxisaufgabe:

Analysieren Sie anhand der Checkliste Ihre Ausgangssituation. Haben Sie den Eindruck, dass Ihr Auftrag zur Akquise von Fördermitteln klar ist? Wissen Sie, was von Ihnen erwartet wird? Haben Sie die notwendige Unterstützung? Wenn ja, dann lesen Sie einfach weiter. Wenn nicht, dann klären Sie die offenen Fragen so schnell wie möglich. Denn im Zweifelsfall wird man Sie für Fehlschläge und Probleme verantwortlich machen, die aus einem unklaren Auftrag erwachsen!

Die sieben Leitfragen für die Konzeptentwicklung

Um ein überzeugendes Konzept zusammenzustellen, müssen Sie die folgenden sieben Fragen schlüssig beantworten können.

- Warum ist das Vorhaben notwendig?
- Was ist die Idee?
- Was soll konkret erreicht werden?
- Warum ausgerechnet mit Ihnen?
- Wie soll das Vorhaben umgesetzt werden?
- Warum benötigen Sie Unterstützung?
- Warum ist Ihr Vorhaben besser als andere?

Warum ist das Vorhaben notwendig? – Die Projektbegründung

Ihre zentrale Aufgabe ist es, potenzielle Förderer davon zu überzeugen, dass die Bezuschussung Ihres Vorhabens eine gute Investition ist. Das fällt umso leichter, wenn Sie belegen können, dass Ihr Projekt folgenden Kriterien genügt.

- Es setzt an nachvollziehbaren und wichtigen Herausforderungen an
- Es ist von allgemeinem Interesse
- Es will messbare und nachhaltige positive Veränderungen erzielen

Wir müssen dringend handeln, weil ...

Um Ihr Vorhaben zu begründen, müssen Sie zuerst die Ausgangssituation genau analysieren. Dabei können Ihnen die Fragen aus der folgenden Checkliste helfen:

Checkliste 2: Ausgangssituation und Handlungsbedarf

Gibt es einen wirklichen Bedarf für das Projekt, der für potenzielle Förderer nachvollziehbar und förderwürdig darstellbar ist?

- Was ist der Auslöser für das Projekt?
- Wer sind die direkten und indirekten Betroffenen?
- Welcher konkreter Bedarf/Leidensdruck besteht bei den Betroffenen in der Ausgangssituation?
- Was sind die lokalen, regionalen, nationalen und internationalen Folgen der Ausgangssituation?
- Wie hat sich der Handlungsbedarf entwickelt?
- Was sind die spezifischen Rahmenbedingungen?
- Wie wird sich die Ausgangssituation in Zukunft entwickeln?
- Welche Erfahrungen wurden in dem Aufgabenfeld bereits gemacht?
- Welche Lösungsansätze wurden bereits mit welchen Ergebnissen verfolgt?
- Warum ist jetzt ein guter Zeitpunkt, aktiv zu werden?

Hilfreiche Informationsquellen

- Wissenschaftliche Studien von Forschungseinrichtungen, Stiftungen und Ministerien
- Kundenbefragungen und sonstige Marktforschungsergebnisse
- Medienberichte
- Eigene Erhebungen und Auswertungen

Seien Sie sich bei der Formulierung des Projektkonzepts bewusst, dass Ihr Förderantrag von mehreren Menschen mit sehr unterschiedlicher fachlicher Kompetenz gelesen und bewertet werden wird! Ihre Ausführungen müssen sowohl einen Fachmann überzeugen, als auch von interessierten Laien verstanden werden.

Ihre Ausarbeitung sollte möglichst knapp, klar und schnell verständlich sein. Manchmal haben Sie nur ein paar Minuten Zeit, Ihr Anliegen am Telefon zu formulieren oder nur Platz für eine Kurzdarstellung ihres Vorhabens auf einer halben Seite.

Schauen Sie sich das folgende Beispiel einmal genauer an:

Projektbeispiel Teil A: Ausgangssituation und Handlungsbedarf

Die Behindertenhilfe in Deutschland befindet sich durch den politischen Paradigmenwechsel infolge der UN-Konvention über die Rechte von Menschen mit Behinderung in einem tief greifenden Umbruch, der die bisherigen Organisations- und Betreuungsmodelle grundsätzlich infrage stellt.

Eine zentrale Folge ist, dass die stationären Komplexeinrichtungen der Behindertenhilfe zugunsten von frei wählbaren, integrativen und ambulanten Versorgungs- und Betreuungsangeboten aufgelöst werden sollen.

Für den Träger und seine Mitarbeiter ergeben sich folgende zentrale Herausforderungen: Reorganisation der Angebote und der zugrunde liegenden Organisation, tief greifende Veränderungen der Kosten- und Finanzierungsstrukturen, zunehmender Wettbewerb, neue Anforderungen an die Qualifikation der Mitarbeiter.

Nur wenn der Träger diese Veränderungen erfolgreich meistert, kann den betreuten Menschen in Zukunft ein qualitativ hochwertiges Angebot gesichert werden. Dies ist Voraussetzung für die Sicherung der Organisation und der Arbeitsplätze.

Der antragstellende Träger und seine Mitarbeiter sind auf diese Situation nur unzureichend vorbereitet. Es besteht ein großer Qualifizierungsbedarf, um den geforderten Wandel aktiv gestalten zu können. Insbesondere fehlen Vorbildprojekte

Die traditionellen Anbieter von Qualifizierungsmaßnahmen bieten zur Lösung dieser Herausforderung keine adäquaten Angebote.

In anderen Ländern (z. B. Skandinavien) musste der gleiche Paradigmenwechsel bereits vor einem Jahrzehnt gemeistert werden.

Inzwischen liegen in diesen Ländern umfassende Erfahrungen bzgl der Reorganisation der Behindertenhilfe vor. Diese Erfahrungen zu nutzen, wäre für die Mitarbeiter des Trägers sehr hilfreich.

Der Projektträger hat bereits erste Kontakte zu Einrichtungen in Schweden aufgebaut. Die Partner haben großes Interesse an einem Austausch der Mitarbeiter geäußert.

Praxisaufgabe:

Beschreiben Sie Ausgangssituation und Handlungsbedarf für Ihre eigene Projektidee. Lässt sich ein „Leidensdruck“ beschreiben?

Wie lautet die Idee? – Wir haben die Lösung gefunden!

Nach der Beschreibung der Ausgangssituation formulieren Sie im nächsten Schritt die Projektidee mit den wichtigsten Rahmenbedingungen. Dazu greifen wir auf die klassischen „W-Fragen“ zurück:

Checkliste 3: zentrale Fragen zur Projektidee

WAS und WER soll erreicht werden? (Primäre Zielgruppe, Hauptziel des Projekts)
WIE soll es erreicht werden? (Methoden und Konzepte)
WANN soll es erreicht werden? (Beginn, Dauer und Ende der Projektaktivitäten)
WO wird das Projekt durchgeführt? (Standorte der Projektdurchführung)

Auch hier besteht die Kunst darin, sich vorerst auf die wesentlichen Punkte zu beschränken. Für unser Beispielprojekt habe ich die Antworten wie folgt ausformuliert:

Projektbeispiel Teil B: Projektidee

Im Rahmen eines internationalen Austauschprogramms werden im Zeitraum Sommer 2012 bis Sommer 2014 mindestens acht Pflegefachkräfte der Behindertenhilfe aus allen Einrichtungen des Trägers für jeweils drei bis sechs Wochen zur Hospitation in Betreuungseinrichtungen in Schweden eingesetzt.

Hauptziel ist, dass die Hospitanten die Erfahrungen der ausländischen Partner bei der Reorganisation der Behindertenhilfe kennenlernen und sie nach ihrer Rückkehr auf die Situation des deutschen Trägers übertragen.

Im Rahmen des Auslandsaufenthalts erhalten die Fachkräfte einen Einblick in die Bereiche: pädagogische und pflegerische Dienste, Kundenberatung, Marketing und Controlling.

Praxisaufgabe:

Formulieren Sie die zentralen Elemente Ihrer eigenen Projektidee!

Was soll konkret erreicht werden? – Auf die Ziele kommt es an

Wer sind unsere Zielgruppen?

Viele Förderinstitutionen konzentrieren sich auf die Unterstützung sehr eng definierter Zielgruppen. Nur wenn Ihr Projekt diese Vorgabe erfüllt, hat ein Antrag überhaupt Sinn. Spannend dabei ist aber, dass sich in einer vielfach interdependenten und vernetzten Gesellschaft meist mehrere direkte und indirekte Zielgruppen identifizieren lassen. Dadurch kann möglicherweise ein Beratungsprojekt für drogenabhängige Erwachsene von einem Förderfonds für Kinder unterstützt werden, wenn es sich auf Erwachsene konzentriert, die gleichzeitig Eltern sind. Je mehr Zielgruppen Sie grundsätzlich identifizieren können, desto mehr Förderquellen stehen ihnen zunächst einmal offen.

Checkliste 4: Definition der Zielgruppen und des örtlichen Bezugs

Wer ist direkt am Projekt beteiligt?

- Eigene Mitarbeiter
- Mitarbeiter von Kooperationspartner
- Kunden, Klienten, Betreuten

Wer ist indirekt vom Projekt betroffen?

- Kollegen aus den beteiligten Einrichtungen/Organisationen
- Führungskräfte aus den beteiligten Einrichtungen/Organisationen
- Kunden, Klienten, Betreuten
- Mitschüler und Kommilitonen (Bei Bildungsprojekten)
- Dachverbände/Interessenvertretungen

- Fachöffentlichkeit, Sektor, Branche, andere Unternehmen und Organisationen
- Gesellschaftliches Umfeld (lokal, regional, bundesweit, international)
- Politisches Umfeld (Verwaltung, Entscheidungsgremien, Volksvertreter)
- Presse und Medien

Hilfreiche Informationsquellen

- Befragung der Projektbeteiligten
- Befragung der Kunden, Klienten, Betreuten
- Befragung der Leitungskräfte
- Dokumentation von vergleichbaren Projekten, Vorhaben oder Studien
- Befragung von Fachleuten und Experten

Am Beispiel wird klar, wie viele in unterschiedlichem Maß Betroffene es auch bei einem relativ überschaubaren Vorhaben geben kann:

Projektbeispiel Teil C: Zielgruppen und örtlicher Bezug

Direkt am Projekt Beteiligte

- 8 Fachkräfte der Behindertenhilfe aus den 6 stationären Einrichtungen des Trägers, die zentrale Aufgaben bei der Reorganisation des Angebots übernehmen sollen
- Fachkräfte der ausländischen Partnerorganisationen, welche die Hospitanten betreuen
- Verantwortliches Projektteam des Austauschprogramms (eine Fachkraft und Assistenz)
- Der Träger ist ein überregionaler Träger mit Standorten in 4 Landkreisen im nordwestlichen Bayern und südöstlichen Hessen

Indirekte Zielgruppen

- 225 Kollegen aus den 6 beteiligten Einrichtungen des Trägers
- 75 Auszubildende der Heilerziehungspflege und Heilerziehungspflegehilfe

- Insgesamt 530 Menschen mit Behinderung, die vom Träger betreut werden und ihre Angehörigen
- 28 Führungskräfte aus den beteiligten Einrichtungen (Einrichtungsleitung, Wohngruppenleitung)
- Der gesamte Bereich Behindertenhilfe des Trägers als Organisation (weitere 50 Mitarbeiter in 5 Aufgabengebieten)
- Der Dachverband des Trägers (Wohlfahrtsverband mit 25.000 Einrichtungen und 520.000 hauptamtlichen Mitarbeitenden)
- Fachöffentlichkeit der Behindertenhilfe (z. B. verbandsübergreifende Arbeitsgemeinschaften der Behindertenhilfe in Bayern und Hessen)
- Hausmagazin und Internetseiten des Trägers, Magazin des Dachverbands, Fachmagazine der Behindertenhilfe

Praxisaufgabe:

Welche direkten und indirekten Zielgruppen lassen sich bei Ihrem eigenen Vorhaben unterscheiden?

Da kann keiner nein sagen – überzeugende Zielformulierung

Nur wenn die wesentlichen Ziele Ihres Vorhabens mit den Zielen der Förderinstitution übereinstimmen, wird es zu einer Förderung kommen! Dabei verfolgt jedes Projekt eine Vielzahl von unterschiedlichen internen und externen Zielen.

Das kann dazu führen, dass ein einziges Projekt von verschiedenen Förderern aus verschiedenen Gründen gefördert wird. Denken wir uns beispielsweise den Fall eines integrativen Sportfestes. Die Aktion Mensch fördert das Fest als innovatives Projekt zum Thema Inklusion. Die Stiftung der örtlichen Sparkasse fördert es als öffentlichkeitswirksamen Ausdruck des eigenen lokalen sozialen Engagements. Die politische Gemeinde unterstützt es im Rahmen des Haushalts zur Sportförderung. Es lohnt sich also, die verschiedenen Ziele in der Projektkonzeption möglichst genau zu beschreiben.

Übrigens, wenn Sie sich schon einmal mit professionellem Projektmanagement beschäftigt haben, werden Ihnen viele Fragen in diesem Kapitel sehr bekannt vorkommen. Wenn Ihr Träger ein Projektmanagementsystem etabliert hat, können Sie auf die darin definierten Vorlagen und Tools zurückgreifen.

Wie ist der Begriff „Ziel“ eigentlich definiert?

Bei Wikipedia heißt es: Der Begriff Ziel bezeichnet einen in der Zukunft liegenden, gegenüber dem Gegenwärtigen im Allgemeinen veränderten, erstrebenswerten und angestrebten Zustand. Ein Ziel ist somit ein definierter und angestrebter Endpunkt eines Prozesses, meist einer menschlichen Handlung.

Wie soll man seine Ziele nun am besten formulieren? Im Projektmanagement wird dazu das Akronym SMART für „specific, measurable, accepted, realistic, timely“ verwendet. In Deutsche übersetzt

Checkliste 5: SMARTe Zieldefinition

S – spezifisch: Ein Ziel soll konkret, eindeutig und präzise formuliert sein, sonst bleibt es nur ein vager Wunsch. Formulieren Sie den gewünschten Zustand – das Ergebnis – so, als hätten Sie es schon erreicht. Kein „müsste“, „sollte“ oder „versuchen“. Ziele beschreiben nicht, was jemand zu tun hat, sondern das Ergebnis dieses Tuns.
M – messbar: Ein Ziel und sein Erreichungsgrad müssen überprüft werden können. An welchen Kriterien machen Sie den Erfolg fest? Woran merken Sie, dass das Ziel erreicht wurde?
A – attraktiv/akzeptabel: Ein Ziel soll Ansatzpunkte für positive Veränderungen zeigen und es muss sich lohnen, dieses Ziel zu erreichen – für die Organisation und die Mitarbeitenden. Darum müssen Ziele auch mit den Betroffenen gemeinsam vereinbart und abgestimmt sein. Wo liegen Freiräume, Entscheidungsbefugnisse und Grenzen, die bei der Umsetzung der Ziele zu berücksichtigen sind?
R – realistisch: Ziele müssen erreichbar sein. Etappen- und Teilziele müssen im Rahmen der eigenen Gestaltungsmöglichkeiten liegen. Allzu ferne Ziele sowie unterfordernde Ziele entmutigen und fördern die Resignation.
T – terminierbar: Ein Ziel soll zu seiner Realisierung einen ausreichenden zeitlichen Rahmen mit einem festen End(zeit)punkt haben. Wann soll das Gesamtziel erreicht sein? Bis wann werden Teilziele erreicht?

Die Nutzung der SMART-Systematik kann für die Definition und die Überprüfung von Zielformulierungen sehr hilfreich sein:

Beispielformulierung:

Durch das Qualifizierungsprojekt haben mindestens 25 benachteiligte Jugendliche aus der Zielregion bis Oktober 2014 eine Ausbildung begonnen.

Neben der überzeugenden Formulierung ist es die zentrale Herausforderung, alle Bezugspunkte vollständig zu erfassen, auf die sich die Ziele beziehen können. Als Vorgehensweise empfehle ich, die mit Checkliste 4 definierten Zielgruppen nacheinander anhand von Checkliste 6 zu analysieren.

Checkliste 6: mögliche Zielklassen

Welche internen und externen Ziele verfolgt Ihre Organisation mit dem Vorhaben, kennen Sie die genauen Zielgruppen und sind diese auch für Außenstehende attraktiv?

Wirkungsziele

- Ziele in Bezug auf die Ausgangssituation
- Personenbezogene Ziele
- Organisationsbezogene Ziele
- Ziele in Bezug auf Kunden, Klienten, Patienten
- Ziele mit Bezug auf Branche- und Fachbereich
- Innovationsziele
- Qualitätsziele
- Nachhaltigkeitsziele
- Gesellschaftliche Ziele
- Übertragbarkeitsziele
- Ziele in Bezug auf die öffentliche Wahrnehmung

Projektbezogene Ziele

- Ziele der Zusammenarbeit der Beteiligten
- Zeitliche Ziele
- Einnahmeziele
- Kostenziele
- Budgetziele
- Finanzquellen
- Ressourcenziele (Personaleinsatz, Know-how)

Hilfreiche Informationsquellen

- Befragung der Projektbeteiligten
- Befragung der Kunden, Klienten, Betreuten
- Befragung der Leitungskräfte
- Dokumentation von vergleichbaren Projekten, Vorhaben und Studien
- Befragung von Fachleuten und Experten

Für unser Beispiel kann die Ausformulierung so aussehen:

Projektbeispiel Teil D: Projektziele

Zentrale Ziele in Bezug auf die Ausgangssituation und den Bedarf

- Der Träger kann – beispielhaft für die Behindertenhilfe in Deutschland – durch die Übertragung von erfolgreichen Konzepten aus dem Ausland und durch die zusätzliche Qualifizierung seiner Fach- und Führungskräfte die aufgrund der veränderten Rahmenbedingungen notwendige Reorganisation seiner Dienste erfolgreich umsetzen

Ziele in Bezug auf die direkt am Projekt Beteiligten

- Die Hospitanten haben sich fachlich für die Übernahme von Aufgaben im Kontext der Reorganisation ihrer Einrichtungen weiterqualifiziert
- Die Hospitanten haben sich durch die Auslandserfahrung allgemein fachlich, interkulturell und persönlich weiterqualifiziert

- Die Betreuungskräfte der ausländischen Partnereinrichtungen haben Erfahrungen in der Organisation von internationalen Projekten sammeln können. Die Zusammenarbeit mit den deutschen Fachkräften hat ihnen neue Impulse für die eigene Arbeit gegeben
- Das Organisationsteam hat Erfahrungen in der Umsetzung von internationalen Projekten gesammelt

Ziele in Bezug auf die beteiligte(n) Organisation(en)

- Alle Führungs- und Fachkräfte werden über die Ergebnisse des Hospitationsprojekts informiert, um die Erfahrungen der Hospitanten in die Umsetzung der Reorganisation einfließen zu lassen
- Die Hospitanten übernehmen zentrale Aufgaben in den Projektteams für die Reorganisation
- Die Kunden des Trägers profitieren von einem verbesserten Angebot
- Die mittel- und langfristige Wettbewerbsposition des Trägers ist gesichert
- Die ausländischen Partnerorganisationen haben neue Impulse für die eigene Arbeit erhalten

Ziele in Bezug auf das Umfeld (örtlich, fachlich, politisch)

- Die regionale Versorgung mit ambulanten Dienstleistungen für Menschen mit Behinderung wird quantitativ und qualitativ verbessert
- Die Ergebnisse des Projekts werden im Rahmen von Fachartikeln und Projektpräsentationen weiteren Trägern und Einrichtungen des Dachverbands und der Fachöffentlichkeit zugänglich gemacht
- Die Erfahrungen aus dem Ausland können in die politische Diskussion über die Weiterentwicklung der Behindertenhilfe eingebracht werden

Ziele in Bezug auf die Projektumsetzung

- Zeitraum der Hospitationen Sommer 2012 bis Sommer 2014
- Dauer der Hospitationen 3–6 Wochen
- Teilnehmer an der Hospitation 8; Teilnehmer aus jeder Einrichtung des Trägers

Maximale verfügbare Eigenmittel: 5000 Euro + Freistellung der Mitarbeiter

- Kooperation mit mindestens 3 verschiedenen ausländischen Einrichtungen

Praxisaufgabe:

Formulieren Sie alle relevanten Ziele für Ihr eigenes Vorhaben!

Warum ausgerechnet mit Ihnen?

Wichtige Schritte zur Erstellung des Projektkonzepts haben wir nun abgeschlossen: Mit einer klaren Beschreibung der Ausgangssituation haben Sie überzeugend dargelegt, dass dringend zu handeln ist. Und Sie zeigen, wie Sie mit einer ausgereiften Projektidee die ambitionierten, aber realistischen Ziele erreichen können.

Jetzt kommt der Zeitpunkt der selbstbewussten Selbstvermarktung. Nur wenn Sie sich als kompetenten Partner darstellen können, wird man Ihnen eine größere Fördersumme anvertrauen!

Führen Sie sich zuerst das Selbstverständnis, die Kompetenzen und Erfolge Ihrer Organisation vor Augen. Für Förderer spielt es eine große Rolle, von wem ein Projekt durchgeführt werden soll: ob von einer frisch gegründeten, losen Initiative von Ehrenamtlichen ohne Erfahrung in der Projektarbeit oder von einem etablierten Verein mit fachlich qualifizierten haupt- und ehrenamtlichen Kräften und einem ausgeglichenen Jahresbudget.

Machen Sie sich anhand der folgenden Checkliste die Stärken Ihrer Organisation klar:

Checkliste 7: Die Kompetenzen des Antragstellers

Selbstverständnis

- Ziele, Werte, Visionen, Traditionen, Geschichte, Organisationskultur, Image, Bekanntheit, prägende Persönlichkeiten

Organisatorische Kompetenzen (Aufbau- und Ablauforganisation) • Gründungsdatum; Rechtsform; Trägerschaft • Mitgliedschaft in Verbänden, Dachorganisationen • Kennzahlen, wie z. B. Anzahl der Mitarbeiter, Klienten bzw. Kunden, Umsatz oder Bilanzsumme • Übersicht über die fachlichen Angebote • Übersicht über die Standorte, regionale Präsenz
Finanzielle Kompetenzen • Infrastruktur und verfügbare interne Dienstleister • Erfolgsgeschichten • Bestehende Beziehungen zur Förderstiftung (direkt und indirekt) • Qualitätsmanagement
Kompetenzen der beteiligten Mitarbeiter (fachlich und organisatorisch) • Abgeschlossene Aus- und Weiterbildungen • Berufserfahrung • Projekterfahrung
Hilfreiche Informationsquellen • Informationen zur Trägerschaft • Informationen zu wichtigen Personen (Vorstände, Kuratoren, Sponsoren) • Organisations-/Unternehmensbroschüren • Abriss der Geschichte • Organigramm • Finanzzahlen • Jahres- und Aktivitätsberichte • Presseartikel • Dokumentationen erfolgreich durchgeführter Projekte • Referenzen, Empfehlungsschreiben, Evaluationsberichte

Für manche Förderer spielt das Selbstverständnis einer Organisation eine wichtige Rolle. Eine kirchlich geprägte Förderstiftung achtet auf andere Eigenschaften des Projektträgers als eine anthroposophische. Aber auch dem Fördergeldempfänger wird es nicht völlig egal sein, von wem er unterstützt wird. Die meisten Umweltinitiativen hätten wahrscheinlich Probleme mit einer Förderung durch Unternehmensstiftungen von E.ON oder RWE.

Projektbeispiel Teil E: Die Kompetenzen der Antragstellers und ggf. der Projektpartner

Der Projektträger XYZ

Träger XYZ, gegründet 1955 auf Initiative von betroffenen Eltern und Angehörigen in Zusammenarbeit mit den örtlichen Kommunen, ist ein eingetragener Verein und als gemeinnütziger Träger der Jugend- und Altenhilfe staatlich anerkannt. Teile des Trägers werden in der Rechtsform der gemeinnützigen GmbH geführt.

Der Träger ist seit seiner Gründung Mitglied im Wohlfahrtsverband Z.

In den unterschiedlichen Tätigkeitsbereichen und der Verwaltung sind über 700 Mitarbeiter beschäftigt. Die Standorte befinden sich in 4 Landkreisen im nordwestlichen Bayern und südöstlichen Hessen. Der Jahresumsatz 2010 betrug 20,5 Mio. Euro. Der Anteil der öffentlichen Finanzierung betrug 90 Prozent.

Tätigkeitsbereiche im Überblick:

Jugendhilfe (210 Betreuungsplätze in drei Einrichtungen) mit 85 Mitarbeitern

Behindertenhilfe (450 Wohn- und 420 Werkstatt- und Betreuungsplätze an 6 Standorten) mit 225 Mitarbeitern

Berufliche Qualifizierung (2 berufliche Schulen mit über 140 Ausbildungsplätzen in den Bereichen Heilerziehungspflege und Heilerziehungspflegehilfe) mit 28 Mitarbeitern

Die Verwaltung verfügt über Fachabteilungen für Fundraising, Öffentlichkeitsarbeit, Finanzbuchhaltung und Controlling

Das Qualitätsmanagement des Trägers ist seit 2008 nach DIN EN ISO 9001:2000 zertifiziert. Es wird ein professionelles IT-gestütztes Projektmanagementsystem verwendet

Die Behindertenarbeit wurde mehrfach für ihre innovativen Projekte ausgezeichnet, u. a. für die Organisation diverser Bundeswettkämpfe im Behindertensport

Es wurden in den letzten 10 Jahren bereits Förderprojekte in Zusammenarbeit mit Stiftungen, Förderfonds und der öffentlichen Hand mit einem Gesamtvolumen von 550.000 Euro erfolgreich abgeschlossen

Bei der Qualifizierung der Mitarbeiter bestehen Kooperationen mit der örtlichen Fachhochschule und der Akademie des eigenen Wohlfahrtverbands

Es bestehen Erfahrungen mit internationalen Kooperationsprojekten im Bildungsbereich:

Aufnahmeorganisation für Praktikanten in diversen *LEONARDO-DA-VINCI*- und *ERASMUS*-Mobilitätsprogrammen aus Bulgarien, Polen, Ungarn, Spanien und Tschechien (etwa 100 Teilnehmer seit 2004)

Entsendung von Fachkräften für den Aufbau von Behinderteneinrichtungen in Mittel- und Osteuropa (z. B. Russland, Ukraine, Tschechien, Ungarn)

Die zentrale Fachabteilung Behindertenhilfe trägt die organisatorische Verantwortung für das Projekt. Die Projektverantwortung liegt bei der Fachreferentin der Direktion Behindertenhilfe

Profil: Diplom-Sozialpädagogin (FH), zehn Jahre Berufserfahrung im Pflegebereich in verschiedenen Einrichtungen der ambulanten und stationären Behindertenpflege, sechsmonatige Auslandserfahrung in der beruflichen Ausbildung

Als Assistenzkraft wird die Sekretärin der Direktion Behindertenhilfe eingesetzt, die über gute englische Fremdsprachenkenntnisse verfügt

Der Projektpartner ABC

Träger ABC in Schweden wurde 1984 in der Stadt W. von einer Gruppe von Eltern behinderter Kinder gegründet, die sicherstellen wollten, dass ihre Kinder trotz Lernbehinderung gemeindenah beschult werden können. Seit damals ist es die übergeordnete Vision der Organisation, den Menschen mit Behinderungen durch lokale Angebote ihr volles Entwicklungspotenzial zu erschließen.

Träger ABC bietet umfassende, qualitative Dienste zur Unterstützung von Kindern und Erwachsenen mit geistigen Behinderungen. Die Organisation hat sich von einer rein ehrenamtlichen Initiative zu einem professionellen Sozialunternehmen entwickelt. Seit den Gründungsjahren ist Träger ABC von einer kleinen lokalen Einrichtung zu einer regional aufgestellten Firma gewachsen.

Träger ABC ist heute der Hauptanbieter für Dienste im Behindertenbereich in der Region Z in Schweden und betreut mehr als 330 Kinder und Erwachsene.

Beim Träger sind knapp 100 Mitarbeiter (Voll- und Teilzeit) beschäftigt.

Die Angebote beinhalten:

Ambulante Dienste – Unterstützung der Familien und Planung von Entwicklungsprogrammen

Vorschulgruppen

Familienentlastende Dienste

Wochenendangebote

Sommercamps

Sibshops (Angebote für Geschwister von behinderten Kindern)

Psychologische Dienste

Sprachtherapie

Ergotherapie

Ambulantes betreutes Wohnen

Werkstätten für Menschen mit Behinderung

Arbeitstrainings

Träger ABC hat seit Jahren in- und ausländische Hospitanten/Praktikanten und hat diese Ausrichtung fest in seine Konzeption und seine Arbeitsabläufe integriert.

Mitarbeiter von ABC und XYZ haben sich erstmals bei einer internationalen Fachkonferenz vor drei Jahren kennengelernt. Seitdem fanden mehrere gegenseitige Besuche zum fachlichen Austausch statt.

Praxisaufgabe:

Stellen sie Ihre eigene Organisation als bestmöglichen Projektträger dar.

Wie soll das Projekt umgesetzt werden? – Ein genialer Plan

Jetzt sind wir im Kerngebiet des klassischen Projektmanagements: Wie wird das Vorhaben in Teilprojekte und Aufgabenpakete aufgeteilt, wer ist für was verantwortlich und welche zeitlichen und finanziellen Vorgaben müssen eingehalten werden?

Welchen Umfang der Projektplan in Ihrem Fördermittelantrag einnimmt, ist natürlich abhängig vom Umfang und der Komplexität der geplanten Aktivität. Bei einem kleinen Projekt in einem vorgegebenen Rahmen sind nur ein paar Zeilen erforderlich. Bei anspruchsvollen innovativen Pilotprojekten mit zahlreichen Partnern kann der Projektplan viele Seiten umfassen. Im letzteren Fall empfehle ich Ihnen dringend, auf die Literatur und die Arbeitsmittel aus dem Projektmanagement zurückzugreifen. Diese können aus Platzgründen hier nicht ausführlich dargestellt werden.

Checkliste 8: Projektplan

Überblick Gesamtprojektplan (Beginn, Ende, Meilensteine, Ablauf der Teilprojekte)
Beschreibung der beteiligten Organisationen und Personen mit ihren jeweiligen Entscheidungskompetenzen, **Verantwortlichkeiten und Aufgaben**
Beschreibung der **Einzelaktivitäten/Teilprojekte** (Art der Aktivität, Inhalt/Thema der Aktivität, Beginn, Ende, Dauer, beteiligte Personen, Ergebnisse)
Darstellung, wie mit dem Projektplan und den Einzelaktivitäten die **Ziele** erreicht werden können
Beschreibung der **Planungs-, Steuerungs-, Abstimmungs- und Informationsprozesse und -systeme**
Maßnahmen und Organisation der **Qualitätssicherung** und des **Monitoring**
Budget- und Ressourcenplan: Beschreibung der notwendigen personellen, organisatorischen, finanziellen und infrastrukturellen Ressourcen und ihres Einsatzes
Erläuterung der **Nachhaltigkeit** des Gesamtprojekts
Evaluation: Maßnahmen der internen und externen Evaluation; Zeitplanung der Maßnahmen; beteiligte Personen und ihre Verantwortlichkeiten; Dokumentation der Ergebnisse

Maßnahmen der **Öffentlichkeits- und Pressearbeit**
Verbreitung der Ergebnisse (am Standort, in der Gesamtorganisation, trägerübergreifend und sektoral)

Projektbeispiel Teil F: Projektplan und Verantwortlichkeiten

Projektplan

Das Projekt beginnt im Sommer 2010 mit dem offiziellen Projekt-Kick-off und endet Sommer 2012 mit dem Abschlussbericht und der Endabrechnung.

08/2012	Projektstart
09/2012–10/2012	Ausschreibung und Auswahl der Teilnehmer (1. Gruppe)
11/2012–02/2013	Vorbereitung der Teilnehmer (1. Gruppe)
03/2013–05/2013	Hospitationsphase (1. Gruppe)
06/2013	Auswertung und Evaluation der ersten Austauschphase
09/2013–10/2013	Ausschreibung und Auswahl der Teilnehmer (2. Gruppe)
11/2013–02/2014	Vorbereitung der Teilnehmer (2. Gruppe)
03/2014–05/2014	Hospitationsphase (2. Gruppe)
06/2014	Auswertung und Evaluation der zweiten Austauschphase und des Gesamtprojekts

Verantwortlichkeiten bei Träger XYZ

- Projektleitung
- Fachliche und operative Steuerung des Gesamtprojekts
- Koordinierung der Mobilitätsphasen mit den Aufnahmeeinrichtungen
- Fachliche Vorbereitung der Teilnehmer
- Laufende Kommunikation mit den ausländischen Partnern während der Mobilitätsphasen (Monitoring)
- Interkulturelle Vorbereitung der Teilnehmer
- Auswahl der Teilnehmer in Zusammenarbeit mit den Hausleitungen

- Zwischen- und Endevaluation des Projekts
- Überwachung und Qualitätssicherung für das Gesamtprojekt
- Projektassistenz
- Vertragsmanagement und Pflege der Projektdaten in der Multipass-Datenbank
- Budgetierung und Abrechnung
- Organisation der Reise und der Versicherung der Teilnehmer
- Validierung der erworbenen Qualifikationen über das Europass-Instrumentarium

Verantwortlichkeiten bei Träger ABC

Träger ABC ermöglicht ein achtwöchiges Arbeiten in den Arbeitsbereichen Kinder- und Familiendienste, Zentrum für Erwachsenenangebote, Wohn- und Freizeitangebote sowie tagesstrukturierende Maßnahmen. Dabei soll die folgende Angebotspalette kennengelernt werden: Reha-Maßnahmen, Fähigkeitentrainings, Alltagsfähigkeiten erhalten, Persönlichkeitsentwicklung, Literatur, Kunst und Handwerk, Erholungsmaßnahmen, Computerkurse, Arbeitstrainings, Wiedereingliederung in den 1. Arbeitsmarkt. Des Weiteren gibt es die Möglichkeit, sich mit einem übergeordneten Fachdienst auszutauschen.

Die Hospitanten erhalten über die alltäglichen heilerziehungspflegerischen Arbeitsabläufe hinaus Einblicke in die Organisationsabläufe, das konzeptionelle Arbeiten und die strategische Ausrichtung. In der Einrichtung werden Arbeitskreise aus den Bereichen Qualitätsmanagement besucht. Eine erfahrene Führungskraft dient als Tutor und als Ansprechpartner. Der Einsatz in den verschiedenen Arbeitsbereichen wird vorab in einem Arbeitsplan gemeinsam festgelegt.

Träger ABC unterstützt die Hospitanten bei allen administrativen Fragen vor Ort und ist bei der Suche nach Unterkünften behilflich. Ein Rahmenprogramm gewährt Einblick in die Kultur des Landes. Durch das individuelle sprachliche Coaching und die Vermittlung von Sprachkursen vor Ort werden die Praktikanten beim Einsatz ihrer Fremdsprachenkenntnisse unterstützt.

Die Abstimmung mit der aufnehmenden Organisation erfolgt mit dem Area Manager Herrn O. Herr O. ist Fach- und Führungskraft von Träger ABC. mit langjähriger Berufserfahrung. Er hat in der Vergangenheit bereits mehrfach ausländische Hospitanten betreut.

Information und Auswahl der Teilnehmer

In der Mitarbeiterzeitung wird über die Möglichkeiten zur Teilnahme am Projekt informiert. Gleichzeitig werden interne Stellenausschreibungen für die Hospitationen im Internet, Intranet und als Aushang in allen relevanten Einrichtungen veröffentlicht. Zusätzlich wurden die Einrichtungsleitungen informiert und gebeten, geeignete Kandidaten zu nennen. In der Abteilung Behindertenhilfe wurde bereits eine Gruppe von Kandidaten ausgewählt.

Auswahlkriterien für die Teilnehmer sind:

Pädagogische und fachliche Qualifikation

Potenzial für die zukünftige Übernahme weiterer Aufgaben im internationalen und interkulturellen Umfeld

Interkulturelle und fremdsprachliche Kompetenzen

Eigenmotivation und Belastbarkeit

Persönliche und berufliche Rahmenfaktoren

Ziel ist es, den Teilnehmerkreis für das gesamte Projekt bis Juni 2010 festzulegen. Auf jeden Fall erfolgt die endgültige Auswahl der Teilnehmer durch das deutsche Projektteam jeweils spätestens drei Monate vor Beginn der entsprechenden Mobilitätsphase.

Vorbereitung der Teilnehmer

Ende Juni 2010 wird für die feststehenden Teilnehmer und für das Projektteam ein zweitägiger Vorbereitungskurs stattfinden. Dabei werden mit den Teilnehmern die fachlichen und organisatorischen Rahmenfaktoren für das Projekt besprochen. Schwerpunkt ist die interkulturelle Vorbereitung. Ein entsprechender Workshop wird von einem erfahrenen Referenten für interkulturelle Kommunikation gestaltet. Inhalte sind die Sensibilisierung für das Thema, theoretische Grundlagen und Modelle zur Beschreibung und zum Verständnis der interkulturellen Kommunikation sowie die praktische Vorbereitung auf das Leben und Arbeiten im Ausland. Falls zu diesem Termin noch nicht alle Teilnehmer feststehen, wird der Workshop zu einem späteren Zeitpunkt wiederholt.

Die sprachliche Vorbereitung der Teilnehmer erfolgt im Vorfeld je nach den individuellen Vorkenntnissen über Sprachkurse (z. B. „*English for nurses*" aus dem Fortbildungsprogramm des Verbandes, Angebote der örtlichen VHS oder selbstverantwortlich mit Selbstlernmedien).

Die fachliche und pädagogische Vorbereitung der einzelnen Teilnehmer erfolgt in mehreren individuellen Vorbereitungsgesprächen zwischen Teilnehmer und der fachlichen Projektleiterin, die in den acht Wochen vor dem Auslandseinsatz stattfinden. Im Mittelpunkt stehen dabei die fachliche Vorbereitung auf die Arbeit vor Ort, die Ausarbeitung der detaillierten Fragestellungen und Lernziele, sowie die Dokumentationsinstrumente für die Beschreibung der Erfahrungen und der daraus abgeleiteten Kompetenzen.

Direkt nach der Ankunft im Ausland werden die Teilnehmer von den örtlichen Projektkoordinatoren im Rahmen der eintägigen Einführung sprachlich und interkulturell auf den Arbeitseinsatz vorbereitet.

Monitoring

Das Monitoring im Ausland erfolgt durch die örtliche Projekkoordinatoren. Zu Beginn des Aufenhalts wird zusammen mit dem Teilnehmer die vereinbarte Zielsetzung besprochen und gemeinsam festgelegt, anhand welcher Kriterien und zeitlicher Meilensteine die fachlichen Fortschritte während des Aufenthalts gemessen werden sollen. Es ist geplant, wöchentlich Monitoringgespräche durchzuführen und die Ergebnisse zu protokollieren.

Nach drei Wochen bewerten Teilnehmer und die Mentorin getrennt anhand einer Checkliste den bisherigen Verlauf und die bereits erworbenen Kompetenzen. Die Ergebnisse werden in einem Gespräch diskutiert und ggf. Änderungen für die zweite Hälfte des Praktikums schriftlich vereinbart. Diese Dokumentation wird den deutschen Projektverantwortlichen zur Verfügung gestellt.

Projektevaluation

Die Evaluationskriterien werden im Rahmen des gemeinsamen Vorbereitungsseminars zwischen Projektleitung und Teilnehmern abgestimmt und anschließend von der fachlichen Projektleitung in einer entsprechenden Evaluations-Checkliste abgebildet.

Die Evaluation der einzelnen Mobiltätsphasen auf Teilnehmerebene erfolgt in zwei Schritten. Nach der Hälfte der Mobilitätsphase evaluieren Teilnehmer und die Projektkoordinatorin in Schweden die Ergebnisse der Vorbereitungsphase und der ersten sieben Wochen des Aufenthalts. Diese Selbstevaluierung wird am Ende der Mobilitätsphase wiederholt. Nach der Rückkehr nach Deutschland erfolgt anhand dieser Ergebnisse eine Zwischenevaluation für das Gesamtprojekt durch die fachliche Projektleitung.

Die Gesamtevaluation des Projekts erfolgt nach Abschluss der letzten Mobilitätsphase im Rahmen eines halbtägigen Evaluationsworkshops mit allen Teilnehmern der Mobilitätsmaßnahmen und den Mitgliedern des deutschen und des schwedischen Projektteams.

Verbreitung der Ergebnisse

Das zentrale Ergebnis des Projekts ist die Erlangung von neuen beruflichen Kompetenzen, welche die Teilnehmer direkt in die tägliche Arbeit in ihren Einrichtungen einbringen können.

Die Erfahrungen dieses Pilotprojekts werden durch eine Präsentation der Teilnehmer allen Einrichtungen der Entsendeorganisation zur Verfügung gestellt und sollen als Grundlage für weitere Qualifikationsaktivitäten dienen.

Durch die Teilnahme an internationalen Kooperationsprojekten in der Behindertenhilfe oder den Wechsel in ausländische Standorte können auch andere Einrichtungen auf transnationaler Ebene von den Ergebnissen profitieren.

Durch entsprechende Pressemeldungen und die Dokumentation des Projekts auf der Internetseite des Trägers XYZ wird auch das externe Umfeld informiert

Praxisaufgabe

Skizzieren Sie die wesentlichen Elemente Ihres Projektplans!

Warum benötigen Sie überhaupt unsere Unterstützung?

Wenn der Projektplan sauber ausgearbeitet ist, können Sie seine Inhalte in den Budgetplan übernehmen. Die angegebenen Ressourcen (Personal-, Sach- und Investitionsmittel) müssen nun noch mit den entsprechenden Preisen versehen werden. Damit ist die Kostenseite abgebildet.

Auf der Einnahmeseite müssen nun noch die Eigenmittel, die Einnahmen durch das Projekt, bereits zugesagte Spenden, Sponsorenbeiträge und Fördermittel zusammengezählt werden.

Als Differenz ergibt sich der von der Förderinstitution benötigte Zuschuss. Auf die Feinheiten der Budgeterstellung gehe ich im Kapitel 13 ein.

Konzentration ist alles – Die Zusammenfassung

Wenn Sie die Praxisaufgaben nacheinander für Ihr eigenes Projektvorhaben durchgearbeitet haben, ist ihr Projektkonzept fast fertig. Wahrscheinlich umfasste es eine ganze Menge Seiten. Bei der Suche nach Förderinstitutionen und bei ersten Anfragen sollten Sie aber nicht gleich das große Konzept verwenden. Den letzten Schliff geben Sie Ihrem Konzept, indem Sie die wesentlichen Punkte ihres Vorhabens auf einer halben oder maximal einer Seite überzeugend darstellen. Dabei kommt es auf jedes Wort an. Das ist eine echte Herausforderung! Manchmal dauert es fast so lange, wie die Zusammenstellung der Langversion. Bitten Sie immer wieder Kollegen, Bekannte oder Familienmitglieder, die vom Gesamtprojekt möglichst wenig wissen, den Text zu lesen. Wenn sie die Zusammenfassung nachvollziehen können und vielleicht sogar spannend finden, sind Sie auf dem richtigen Weg.

Warum ist Ihr Vorhaben besser als andere?

Im Marketing wird für das Alleinstellungsmerkmal gern der englische Begriff „unique selling proposition“ (USP) benutzt. Damit ist das Leistungsmerkmal gemeint, mit dem sich ein Angebot deutlich von denen der Konkurrenten abhebt. Mit den folgenden Fragen können Sie das Alleinstellungsmerkmal Ihres Projekts herausarbeiten:

Checkliste 9: Formulierung des Alleinstellungsmerkmals

Was kann meine Organisation besser als andere?
Was hebt mein Projekt von anderen ähnlichen Projekten ab?
Welche Zielgruppe profitiert mittelbar und unmittelbar vom Projekt?
Welches sind die gesellschaftlichen Wirkungen?
Gibt es einen besonderen lokalen, regionalen, nationalen oder internationalen Bezug?
Lassen sich die Projektergebnisse auf andere Projekte und Aktivitäten übertragen? (Breitenwirkung, Nachhaltigkeit)
Welches Innovationspotenzial besteht?
Welche Ressourcen (Personal, Know-how, Finanzen) sind bereits vorhanden?
Besteht eine besondere Medienwirksamkeit?
Gibt es ein erfolgreiches Vorbildprojekt?

Projektbeispiel Teil G Projektzusammenfassung

Im Rahmen eines internationalen Austauschprogramms werden im Zeitraum Sommer 2012 bis Sommer 2014 Pflegefachkräfte der Behindertenhilfe für jeweils 3–6 Wochen zur Hospitation in Betreuungseinrichtungen in Schweden und Finnland eingesetzt

Zielgruppe:

Teilnehmer sind 8 Fach- und Führungskräfte aus dem Bereich stationäre und ambulante Behindertenpflege des Trägers XYZ mit mehrjähriger Berufserfahrung, die während eines achtwöchigen Auslandseinsatzes neue berufsrelevante Kompetenzen in Interkultureller Kommunikation und innovativen Dienstleistungen in der Behindertenhilfe erwerben möchten.

Zielsetzung:

Die Teilnehmer qualifizieren sich durch das Projekt für die zukünftige Übernahme von Führungsaufgaben, für die Beteiligung an Innovationsprojekten in Deutschland und für die Beteiligung an europäischen Kooperationsprojekten.

Bedarf:

Die Betreuung und Pflege von Menschen mit Behinderung aus unterschiedlichsten Kulturkreisen stellt eine wachsende Herausforderung dar. Durch die beruffachliche Ausbildung werden die Mitarbeiter in diesem Bereich nur unzureichend auf die speziellen Herausforderungen in der interkulturellen Kommunikation vorbereitet.

Der Träger XYZ engagiert sich seit vielen Jahren in internationalen Kooperationsprojekten mit Schwerpunkt berufliche Qualifizierung in der Behindertenhilfe (z. B. in England, Bulgarien, Ukraine, Schweiz) Um diese Aktivitäten auszubauen, werden Fachkräfte mit interkultureller Auslandserfahrung benötigt.

Europaweit müssen angesichts der demografischen und der gesellschaftlichen Entwicklung neue innovative Dienstleistungen im Bereich der Behindertenhilfe entwickelt und eingeführt werden. Dazu gibt es in den verschiedenen Ländern unterschiedliche Ansatzpunkte und Ideen. Dieses Innovationspotenzial soll durch das Projekt erschlossen werden.

Erwartete Ergebnisse:

Bei der Arbeit in Behindertenhilfeeinrichtungen in Schweden sollen die Teilnehmer durch persönliche Erfahrung für interkulturelle Problemstellungen sensibilisiert werden und entsprechende Lösungen entwickeln, anwenden und erproben können. Diese Erfahrungen sind nach der Rückkehr nach Deutschland die Grundlage für die Übernahme von Führungsaufgaben in Innovations- und internationalen Kooperationsprojekten.

Praxisaufgabe

Suchen Sie anhand der Checkliste nach dem Alleinstellungsmerkmal Ihres Vorhabens und stellen Sie dieses kurz und prägnant dar.

Herzlichen Glückwunsch! Wenn Sie alle Praxisaufgaben in diesem Kapitel für Ihr Vorhaben durchgearbeitet haben, haben Sie die Grundlage für die weiteren Schritte auf Ihrem Weg zu Fördergeldern gelegt. Mit einem gut formulierten Konzept sind schon etwa drei Viertel der Arbeit am Förderantrag fertig!

Manchmal werde ich gefragt, ob sich dieser Aufwand wirklich lohnt, bevor man überhaupt erste Ergebnisse der Recherche nach Förderquellen hat. Die Details könne man dann doch auch beim Ausfüllen der Antragsformulare ausarbeiten.

Meine Erfahrung zeigt etwas ganz anderes. Ich habe oft erlebt, dass sehr viel Zeit mit der Recherche der Förderquellen vergeudet wurde, weil man zwar dem ersten Anschein nach perfekt passende Fördermittelausschreibungen gefunden hatte, sich bei der Ausformulierung des Konzepts aber herausstellte, dass wichtige Vorgaben des Förderers nicht erfüllt werden konnten. Es gab auch Fälle, in denen fertige Förderanträge von Vorgesetzten nicht unterschrieben wurden, weil Rahmenbedingungen, wie die Höhe des Eigenanteils oder die Anstellung zusätzlicher Projektmitarbeiter, nicht vorab geklärt worden waren.

Natürlich kann es auch vorkommen, dass Sie beim Durcharbeiten der Checklisten und der Konzeptausarbeitung feststellen, dass Ihr Projekt gar nicht für eine externe Förderung infrage kommt. Wenn es so ist, war es aber genau das Ziel dieses ersten Schrittes, das festzustellen. Es kann Ihnen viel vergebliche Folgearbeit ersparen.

Ich möchte ihnen Mut machen. Das erste Konzept ist sicher das schwerste. Aber Sie werden zunehmend Routine gewinnen. Viele Informationen können auch von einen Konzept auf ein anderes übertragen werden. Dass sich diese zeitliche Investition lohnt, werden wir im Teil 2: *Die Nadel im Heuhaufen – zielorientierte Suche auf dem Markt der Möglichkeiten* sehen.

Teil 2: Die Nadel im Heuhaufen – zielorientierte Suche auf dem Markt der Möglichkeiten (zweiter Schritt)

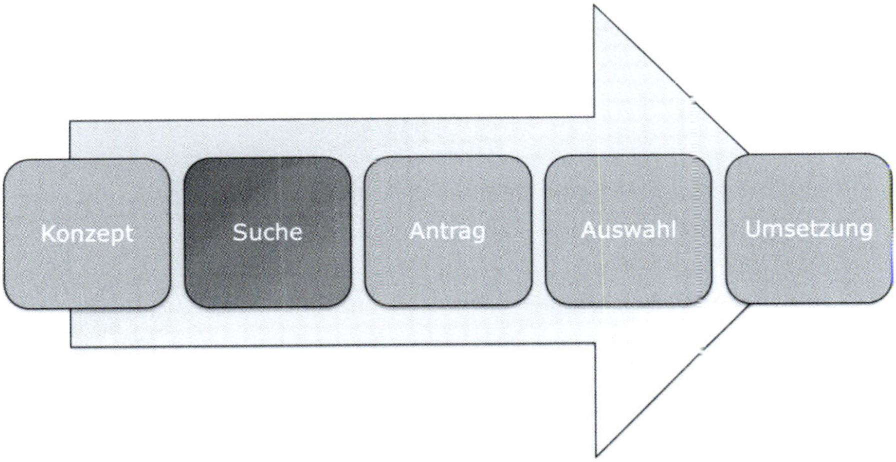

In diesem Teil:

Die Suche beginnt in der eigenen Organisation und im bestehenden Netzwerk. Viele Non-Profit-Organisationen wissen gar nicht, welche wertvollen Beziehungen sie bereits zu Förderinstitutionen haben. Bei der weiteren Suche müssen wir uns einen Überblick über die weite Förderlandschaft verschaffen – von der öffentlichen Hand über die Stiftungen und Förderfonds bis zu den Soziallotterien. Nicht selten ist die Recherche nach passenden Zuschussquellen sehr aufwendig. Zahlreiche Datenbanken, Portale und Verzeichnisse können die Suche deutlich erleichtern. Ich zeige Ihnen, welche Tools am hilfreichsten sind und mit welchen Selektionskriterien Sie am schnellsten ans Ziel kommen.

Kapitel 3: Unser Jagdrevier: erster Überblick über die Förderlandschaft

In diesem Kapitel

- Wer fördert eigentlich?
- Was wird gefördert?
- Wer wird gefördert?
- Welche Projektarten werden gefördert?
- Worauf achten Fördermittelgeber noch?
- Wie wird finanziert?

Bevor wir uns auf die Jagd nach Förderquellen für unser Projekt machen, sollten wir uns zuerst eine Übersicht über unser Jagdrevier verschaffen. Die unzähligen und vielfältigen Zuschussmöglichkeiten für Non-Profit-Organisationen sind zuerst kaum zu überblicken. Deutschlandweit gibt es wohl mehrere Zehntausend Fördermöglichkeiten:

18.162 Stiftungen bürgerlichen Rechts gab es im Jahr 2010 laut Bundesverband Deutscher Stiftungen, 80 Prozent davon fördern.

Die sogenannten freiwilligen Leistungen als Fördermittel der öffentlichen Hand haben einen Anteil von zehn bis 15 Prozent an den öffentlichen Haushalten. In der Förderdatenbank des Bundesministeriums für Wirtschaft und Technologie finden sich im Schnitt etwa 1.600 Förderprogramme und Finanzhilfen des Bundes, der Länder und der EU.

Jährlich werden etwa 2,5 Mrd. Euro aus Glücksspieleinnahmen zur Förderung von gemeinnützigen Maßnahmen und Aktivitäten in Deutschland eingesetzt.

Wer fördert eigentlich?

Der größte Förderbereich – Freiwillige Leistungen der öffentlichen Hand

Ich erzähle Ihnen sicher nichts Neues: Die Zeiten der problemlosen öffentlichen Regelförderung auf Antrag sind endgültig vorbei. Vielleicht haben Sie es noch selbst erlebt oder Sie können sich von den „alten Hasen“ aus Ihrem Fachbereich erzählen lassen, dass es in den 70er und 80er Jahren möglich war, angesichts voller öffentlicher Haushaltskassen eine Vielzahl von sozialen und gemeinnützigen Einrichtungen aufzubauen, ohne sich groß Gedanken um die Finanzierung zu machen. Leider können Sie sicher sein, dass diese Zeiten nie wiederkommen werden.

Dennoch sind Förderprogramme ein wichtiges Instrument der Politik und werden daher auch in Zukunft eine große Rolle spielen. In Zeiten der Haushaltskonsolidierung werden die freiwilligen Leistungen der öffentlichen Hand aber verstärkt auf den Prüfstand gehoben. Bei neuen Projekten wird man heute mit Hinweis auf die fehlenden Mittel erst einmal kategorisch abgewiesen. Wenn Sie aber die Entscheidungen in Ihrem Gemeinde- oder Stadtrat kontinuierlich verfolgen, werden Sie feststellen, dass es dem ein oder anderen Träger dank geschickter Öffentlichkeitsarbeit auch unter diesen Umständen gelingt, neue Zuschüsse zu erhalten.

Einen großen Anteil an den öffentlichen Förderprogrammen hat die Europäische Union, die ihr Fördervolumen tendenziell ausbaut.

Die öffentliche Hand ist und bleibt – gemessen am Umfang der verfügbaren Fördermittel – die mit Abstand wichtigste Finanzierungsquelle für gemeinnützige Organisationen in Deutschland.

Fördertöpfe im Umbruch – Lotteriemittel

Jahrzehntelang waren die Zweckerträge aus den in Deutschland staatlich regulierten Lotterien eine sichere Bank für den gemeinnützigen Sektor. Fernsehsendungen, wie *Der Große Preis* mit Wim Thoelke, waren feste Institutionen in meiner Kinder- und Jugendzeit. So, wie sich die TV-Formate vollständig geändert haben, verändern sich auch die Fördermöglichkeiten durch die Lotterien. Neben dem staatlichen Lotteriemonopol sind in Deutschland erstmals Privatanbieter aktiv. In Zeiten von Onlinepoker und Internetsportwetten aus dem Ausland gehen die Einnahmen kontinuierlich zurück.

Insbesondere für bauliche Investitionen bleiben die Soziallotterien aber ein wichtiges Standbein der Finanzierung.

Wachstum ohne Ende – Förderstiftungen

Durch neu eingeführte steuerliche Vorteile gibt es seit einigen Jahren einen Stiftungsboom in Deutschland. Millionenbeträge werden als Stiftungsvermögen eingebracht und sollen gemeinnützige Aktivitäten unterstützen. Damit herrschen zwar noch keine Verhältnisse wie in den USA, wo Bill Gates und Waren Buffet die größte private Förderstiftung mit einem Kapital von 35,2 Mrd. Dollar ausgestattet haben und die Stiftungen die wichtigste Finanzierungsquelle für Non-Profit-Aktivitäten sind. Doch mit durchdachten Projektkonzepten können Sie nachhaltige Förderpartnerschaften aufbauen.

Förderfonds von Unternehmen, Verbänden und Kirchen

Jeder kennt die jährlichen Spendenaktionen von Tageszeitungen, Radio- oder Fernsehsendern in der Adventszeit. Auch Unternehmen schreiben feste Förderprogramme aus, um sich als verantwortliche Mitglieder der Gesellschaft zu positionieren. Nicht zuletzt bieten die Verbände und Kirchen ihren Mitgliedern zahlreiche Förderprogramme.

Als Mitarbeiter einer gemeinnützigen Organisation stehen Ihnen grundsätzlich mehrere tausend Möglichkeiten offen, eine Förderung für Ihre Projekte und Aktivitäten zu bekommen.

Auf welche speziellen Bedingungen Sie sich bei einer Förderung durch Fonds einstellen müssen, erfahren sie in Kapitel 9.

Was wird gefördert?

Fördermittelgeber verfolgen immer spezifische gesellschaftliche oder wirtschaftspolitische Zwecke. Im Detail sind die Förderschwerpunkte aber höchst unterschiedlich gestaltet. Für uns entscheidet sich schon an der Ausrichtung der Förderprogramme, ob unsere Projektideen und Aktivitäten grundsätzlich förderfähig sind und aus welcher Perspektive wir sie beschreiben müssen.

Zielgruppenförderung

Die meisten Förderinstitutionen legen ihren Fokus auf eine oder mehrere spezifische Zielgruppen. Die Soziallotterie *Aktion Mensch* fördert z. B. ausschließlich Projekte für Menschen mit Behinderung oder sozialer Benachteiligung sowie hilfsbedürftige Jugendliche. Bei der Spendenorganisation *Ein Herz für Kinder*“ wird die Zielgruppe schon im Namen ganz klar. Und der *Europäische Sozialfonds* (ESF) konzentriert sich ausschließlich auf Personen, die für den Arbeitsmarkt qualifiziert werden können. Ein Förderantrag bei solchen Institutionen hat nur dann Sinn, wenn bei Ihrem Vorhaben die geförderte Zielgruppe tatsächlich eine wichtige Rolle spielt.

Analysieren Sie auch die indirekten Zielgruppen Ihres Vorhabens, um damit ggf. zusätzliche Förderprogramme zu erschließen.

Stellen Sie sich ein Projekt zur Aufklärung über gesunde Ernährung vor, das sich an Menschen in einem sozial benachteiligten Stadtteil richtet. Wenn Sie dafür einen Förderantrag an einen Geber richten, der auf die Förderung von Kindern fokussiert, müssen Sie ganz deutlich machen, wie Kinder von dem Projekt profitieren. Beschreiben Sie zum Beispiel die beabsichtigten Verhaltensänderungen der Eltern und zeigen Sie, wie diese sich positiv auf den Gesundheitszustand, die Konzentrationsfähigkeit und das Wohlbefinden ihrer Kinder auswirken.

Die Vielfalt der geförderten Zielgruppen ist immer wieder erstaunlich. Es gibt Förderprogramme für Menschen mit fast allen Arten von Behinderung, Benachteiligung, Bedürftigkeit oder Krankheit. Auch besonders begabte Personen werden gefördert. Programme für Kinder und Jugendliche machen sicher die Hälfte des Fördervolumens aus.

Themenförderung

Um die gesellschaftliche oder wirtschaftliche Entwicklung voranzutreiben, ist es für Förderer nicht immer sinnvoll, auf Zielgruppen zu fokussieren. Eine Ausschreibung zum Thema Bürgerschaftliches Engagement kann aktive Menschen unterstützen, egal ob sie sich nun im Basketballverein, in der Betreuung von Hilfsbedürftigen, im Kinderchor oder als Vogelbeobachter einbringen. Bei der Förderung des Innovationsthemas *Einsatz von Sensoren in der Pflege* sollen möglicherweise ganz bewusst verschiedene Träger von Krankenhäusern, Behinderten- und Altenpflegeeinrichtungen mit öffentlichen Forschungseinrichtungen und gewerblichen Unternehmen zusammengebracht werden.

Wenn Sie die öffentliche und politische Diskussion in den verschiedenen Themenfeldern aufmerksam verfolgen, werden Sie erkennen, dass diese auch immer Auswirkungen auf aktuelle Förderschwerpunkte hat. Aktuelle „Modethemen“ sind u. a. Palliativversorgung, Inklusion, Hospiz, Demenz, frühkindliche Erziehung, generationenübergreifende Projekte, Social Entrepreneurship oder Kreativwirtschaft.

Regionalförderung

Die meisten Förderinstitutionen beschränken ihre Aktivitäten auf ihr lokales oder regionales Umfeld. Gute Beispiele dafür sind die Zuschussprogramme der örtlichen Sparkassen und Genossenschaftsbanken, die eine Vielzahl von gemeinnützigen Aktivitäten ausschließlich in ihrem Geschäftsgebiet unterstützen. Ähnliches gilt natürlich auch für die öffentlichen Förderungen durch Kommunen und Gebietskörperschaften. Auch Unternehmensstiftungen betonen häufig die Nähe zu den eigenen Standorten. Die Alfried Krupp von Bohlen und Halbach-Stiftung hat ihren Förderschwerpunkt in der Region Essen und die Siemens Stiftung in Bayern. Neben der örtlichen Nähe kann die besondere Benachteiligung einer Region eine Rolle spielen, z. B. für die Strukturfonds der Europäischen Union.

Wenn Sie sich die Förderprogramme im Einzelnen ansehen, wird schnell deutlich, dass die Einteilung in Zielgruppen-, Themen- und Regionalförderung natürlich idealtypisch ist und nur im Lehrbuch eindeutig funktioniert. In der Realität vermischen sich die drei Typen fast immer.

Wer wird gefördert?

Manche Förderinstitutionen unterstützen Einzelpersonen, andere Institutionen und wieder andere spezifische Vorhaben.

Bei einigen Förderprogrammen ist die Beantragung durch Externe grundsätzlich ausgeschlossen. Insbesondere gilt das für Unternehmensstiftungen, die das Engagement ihrer Mitarbeiter fördern möchten, wie z. B. die Kinderstiftung der Allianz Deutschland AG. Sie berücksichtigt nur Projekte, die von den eigenen Mitarbeitern vorgeschlagen werden, und diese müssen sich zudem ehrenamtlich oder finanziell dabei engagieren.

(1) Personenbezogene Förderung (Einzelfallhilfe)

Typische Beispiele sind Zuschüsse für in Not geratene Familien nach einer Naturkatastrophe, die Finanzierung eines gesunden Schulfrühstücks für Kinder aus Familien, die vom Hartz-4-Satz leben müssen, oder Stipendien für besonders begabte und engagierte junge Menschen.

Auf den ersten Blick scheint eine Förderung für Einzelpersonen für Sie als Verantwortlichen einer gemeinnützigen Organisation kaum interessant zu sein. Sie benötigen ja Geld für ihre Sach- und Personalkosten. Sie können aber auch von Einzelfallhilfen profitieren, wenn die betroffenen Personen aus ihrem Einzelhilfebudget Ihre Dienstleistungen einkaufen können.

Ein gutes Beispiel dafür ist die staatliche Bildungsprämie. Sie wird vom Bundesministerium für Bildung und Forschung und vom Europäischen Sozialfonds finanziert. Bedürftige erhalten einen Gutschein über 500 Euro. Bis zu diesem Betrag wird ihnen die Hälfte der Teilnahmekosten an beruflichen Bildungsmaßnahmen zugeschossen. So profitiert außer dem Bedürftigen auch der Anbieter der Bildungsmaßnahme von diesem Fördertopf (weitere Informationen unter www.bildungspraemie.info).

(2) Institutionelle Förderung

Die institutionelle Förderung bezieht sich auf die gesamten nicht abgegrenzten Ausgaben eines Zuwendungsempfängers. Ein typisches Beispiel ist der pauschale Zuschuss einer Kommune zum Betrieb des Stadttheaters oder der örtlichen Musikschule. Solche Förderungen werden tendenziell reduziert und im öffentlichen Bereich in Abhängigkeit von der Haushaltslage meist nur noch von Jahr zu Jahr entschieden. Nur wenn Sie nachweisen können, dass nur Sie mit Ihrer Maßnahme einen gesellschaftlich und politisch extrem wichtigen und überaus dringenden Bedarf decken können, dürfen Sie sich Hoffnungen auf eine institutionelle Förderung machen.

Meist wird sich diese Förderung aber auf den Start und Aufbau einer Maßnahme beschränken. Aktuelle Förderbeispiele sind der Aufbau von flächendeckenden ambulanten Serviceangeboten zur Inklusion durch die Aktion Mensch oder die Förderung von europaweit tätigen Nichtregierungsorganisationen (NGOs) durch die Europäische Union.

(3) Projektförderung

Der Großteil der Förderprogramme lässt sich der klassischen Projektförderung zuordnen. Ihr Projekt muss sich dabei fachlich, inhaltlich, zeitlich und finanziell eindeutig abgrenzen lassen. Das ist nicht immer einfach, insbesondere, wenn Sie auf bestehendes Personal und vorhandene Sachmittel zurückgreifen. Im Rahmen der Projektförderung finden sich sehr unterschiedliche Ansätze:

Welche Projektarten werden gefördert?

Maßnahmenförderung

Die Anforderungen an Projekte der Maßnahmenförderung sind meist sehr genau definiert. Typische Aktivitäten sind internationale Bildungs- und Jugendprojekte der binationalen Jugendwerke und europäische Mobilitätsprogramme für lebenslanges Lernen. Hier ist das Ziel, möglichst viele Teilnehmer von den Maßnahmen profitieren zu lassen. Attraktiv für den Antragsteller sind die regelmäßigen Ausschreibungen, die standardisierten Antrags- und transparenten Auswahlverfahren und die zunehmend pauschalisiert gewährten Zuschüsse ohne Einzelnachweis.

Innovationsförderung

Um hier zum Zuge zu kommen, müssen Sie Themen und Aufgabenstellungen aufgreifen, die möglichst für eine ganze Branche oder Region relevant sind. Sie müssen die Projektergebnisse nicht nur veröffentlichen, sondern sie aktiv unter den wichtigen Entscheidungsträgern (ggf. auch Ihren Wettbewerbern!) verbreiten. Meist ist es dazu hilfreich, seinen eigenen Verband oder fachliche Netzwerke einzubinden.

Eine solche Ausschreibung ist das ESF-Programm *Rückenwind – Für die Beschäftigten der Sozialwirtschaft*, das neue Ansätze für den Umgang mit dem demografischen Wandel in dieser wichtigen Branche fördert (weitere Infos unter www.bagfw-esf.de).

Aufbau- und Startförderung

Wenn innovative Ansätze ihren Erfolg nachgewiesen haben, ist damit nicht automatisch sichergestellt, dass sie auch in der notwendigen Breite in allen Regionen eingeführt werden können. Hier setzt die Aufbau- und Startförderung an. Sie soll den Aufbau von Institutionen für eine begrenzte Startphase fördern – so lange, bis sich die Dienstleistung selbst trägt.

In den letzten Jahren gab es verschiedene derartige Programme, z. B. für den Aufbau von Hospizdiensten im ländlichen Raum, für neue Versorgungsstrukturen für demenziell veränderte Menschen oder für neue Bildungskonzepte für Technik und Naturwissenschaft in der frühkindlichen Erziehung.

Investitionsförderung

Wenn man sich auf eine Förderquelle beschränken müsste, würden wahrscheinlich die meisten Organisationen die Investitionsförderung auswählen. Ein großzügiger Zuschuss zum Neubau oder zur Renovierung von Gebäuden oder zu den benötigten Fahrzeugen entlastet das Budget am stärksten. Leider gehen die Fördermöglichkeiten in diesem Bereich zurück.

> Eine Investitionsförderung ist nur in wenigen Ausnahmefällen wahrscheinlich.

Ob es das *Bundesprogramm Soziale Stadt* oder die Förderprogramme der Soziallotterien sind: Überall werden das Budget und die Höchstfördersummen heruntergefahren. Das ist umso dramatischer, als der Bedarf wächst, es aber kaum alternative Fördermittelquellen gibt. Nur in den Förderbereichen „Energetische Sanierung“ und „Gewinnung von erneuerbaren Energiequellen“ eröffnet sich die eine oder andere neue Chance.

Worauf achten Förderer noch?

Neben den inhaltlichen Anforderungen müssen Sie auch die sonstigen Auswahlkriterien kennen, um mit Ihrem Förderantrag realistische Chancen zu haben.

Förderdauer

Wenn es um Förderung geht, ist fast immer von „Projekten“ die Rede. Und was ein Projekt unter anderem definiert, sind festgelegte Anfangs- und Endzeitpunkte:

> Förderung ist immer ein zeitlich begrenztes Unterfangen. Die Höchstförderdauer ist meist auf zwei oder drei Jahre beschränkt.

Diese Bedingung hat natürlich weitreichende Folgen für Ihr Vorhaben, insbesondere, wenn Sie etwas Bleibendes aufbauen möchten, z. B. einen Beratungsdienst, der noch in fünf Jahren bestehen soll. In den Tageszeitungen finden Sie fast täglich Berichte über gemeinnützige Dienste, die trotz jahrzehntelanger erfolgreicher Arbeit aufgrund wegfallender Förderungen geschlossen werden.

Sie müssen schon im Konzept berücksichtigen, wie der mittel- und langfristige Bestand nach der „Anfangsförderung“ gesichert werden kann. Manchmal ist es eine Lösung, ein größeres Vorhaben in kleinere Teilprojekte aufzuteilen. Diskutieren Sie diesen Punkt kritisch mit den Projektbeteiligten.

Maßnahmenbeginn

> Bei allen Förderprogrammen gilt kategorisch der Grundsatz:
> Eine rückwirkende Förderung ist ausgeschlossen.

Wenn eine Maßnahme in der Vergangenheit finanziell aus dem Ruder gelaufen ist, werden Sie dafür prinzipiell keine Förderung mehr erhalten. Eine Maßnahme, für die Sie eine Förderung beantragt haben, darf erst nach der Veröffentlichung der Entscheidung der Förderinstitution starten. In manchen Fällen kann nach Abgabe des Antrags ein vorzeitiger Maßnahmenbeginn genehmigt werden. Dies ist aber noch keine Garantie dafür, dass das Projekt tatsächlich gefördert wird. Es geschieht daher immer auf volles eigenes Risiko.

Wenn Sie bedenken, dass die Antragstellung und das Entscheidungsverfahren in der Regel mindestens sechs Monate dauern, kennen Sie den Grund dafür, dass für viele an sich aussichtsreiche Projekte überhaupt kein Förderantrag gestellt wird. Meist wird viel zu spät an die Antragstellung gedacht und man kann den Beginn eines Projekts nicht mehr verschieben.

Standort und regionaler Bezug

Die Finanzkraft der Förderer ist höchst unterschiedlich und ein großer Teil von ihnen ist nur regional aktiv. Je nach ihrem Standort profitieren manche Regionen stärker als andere von ihnen. Erfahrene Fördermittelakquisiteure wissen solche Umstände aktiv zu nutzen. Wenn Sie z. B. bundesweit Erholungsmaßnahmen für behinderte oder benachteiligte Kinder anbieten, können Sie ohne weiteres bei verschiedenen Förderern separate Förderanträge für Kinder aus Nordrhein Westfalen, Niedersachsen oder Bayern stellen.

> Etwa 70 Prozent aller Förderinstitutionen
> sind nur regional aktiv.

Wenn Ihre gemeinnützigen Aktivitäten nur in einer Region stattfinden, kann das die Suche nach Förderquellen deutlich vereinfachen. Sie müssen sich dann nur um eine meist sehr überschaubare Zahl von überregionalen Förderprogrammen kümmern und können sich ansonsten voll auf die Zuschussgeber in Ihrer Region konzentrieren.

Status des Antragstellers

Nicht jede Organisation ist berechtigt, bei jedem Förderprogramm einen Antrag einzureichen. Gemeinnützige Stiftungen dürfen z. B. nur gemeinnützige Organisationen und Projekte unterstützten. Die öffentliche Hand veröffentlicht unterschiedliche Ausschreibungen, bei denen z. B. einmal ausschließlich freie Träger und ein anderes Mal ausschließlich staatliche Träger berücksichtigt werden. Manchmal muss Ihre Organisation ein Mindestalter, eine Mindestgröße, die Mitgliedschaft in einem Verband oder eine staatliche Anerkennung nachweisen.

Gut organisierte Fördermittelakquisiteure arbeiten aus diesem Grund immer in Netzwerken, um sicherzustellen, dass es immer einen Projektpartner gibt, der solche formalen Kriterien erfüllt.

Rechtliche Rahmenbedingungen

Die Vergabe von Fördermitteln geschieht nicht im rechtsfreien Raum, sondern der Förderer muss bei seiner Ausschreibung bestimmte gesetzliche Rahmenbedingungen beachten.

Am stärksten sind davon die öffentlichen Zuwendungen betroffen. Es gelten das EU-Beihilferecht, die Bundeshaushaltsordnung, die Haushaltsordnungen der Länder und die jeweiligen Ausführungs- und Verwaltungsvorschriften. In Kapitel 5 werde ich detaillierter auf die darin verborgenen Fallstricke eingehen. Gemeinnützige Förderer müssen bei der Vergabe darauf achten, dass sie durch die Förderung ihren gemeinnützigen Status nicht verlieren.

Die Vergabe der Fördermittel findet im Regelfall im Rahmen eines individuellen Fördervertrags statt, in dem sich beide Seiten zur Erfüllung bestimmter Bedingungen bereit erklären. Das bedeutet auch, dass bei der Nichterfüllung der Bedingungen die Fördersumme zurückverlangt werden kann!

Wie wird finanziert?

In Förderausschreibungen werden vier Finanzierungsarten unterschieden. Grundsätzlich wird bei allen vier Verfahren eine maximale Gesamtfördersumme festgeschrieben. Ich habe es noch nie erlebt, dass diese Obergrenze nachträglich erhöht wurde, auch wenn es dafür nicht selten sehr gute Gründe gegeben hätte. Bei der Risikobeurteilung im Rahmen der Projektkonzeption sollten Sie diese Tatsache immer im Blick haben. Insbesondere bei kleineren Organisationen kann ansonsten durch ein fehlgeschlagenes Förderprojekt der Fortbestand des Trägers an sich gefährdet sein.

(1) Vollfinanzierung

Dem Zuwendungsempfänger werden alle Ausgaben finanziert. Jede Einnahmeerhöhung bzw. Ausgabenminderung des Zuwendungsempfängers mindert die Zuwendung in entsprechender Höhe. Diese Finanzierungsart wird leider nur in Ausnahmefällen verwendet. Bei der nicht personenbezogenen Förderung erwartet man fast immer einen substanziellen Eigenbeitrag des Antragstellers.

(2) Anteilsfinanzierung

Der Förderer beteiligt sich mit einem festgelegten Prozentsatz (z. B. 50 Prozent) an den Gesamtkosten des Projekts oder an einem bestimmten Kostenblock (z. B. Reisekosten). Die darüber hinausgehenden Kosten müssen mit Eigenmitteln oder weiteren Fremdmitteln (z. B. Spenden) abgedeckt werden. Bei dieser Finanzierungsart sollten Sie immer genau prüfen, wie sich Verschiebungen zwischen verschiedenen Kostenblöcken auf die Höhe des Zuschusses auswirken. Bei vielen Ausschreibungen ist eine Anpassung der Kostenarten um zehn Prozent in Ordnung, solange die Gesamtfördersumme gleich bleibt. Ich habe es aber auch schon erlebt, dass in einem Projekt der Zuschuss gekürzt wurde, obwohl die Mehrausgaben in einem Bereich durch Einsparungen in einem anderen Bereich ausgeglichen wurden.

(3) Fehlbedarfsfinanzierung

Der Zuwendungsgeber finanziert alle Kosten, welche nicht über die Eigenmittel und Einnahmen des Projekts abgedeckt werden, bis zu einer Höchstgrenze. Falls die Deckungslücke geringer ausfällt als erwartet, wird der Zuschuss entsprechend gekürzt.

(4) Festbetragsfinanzierung (Pauschalenmodell)

Hier erfolgt die Finanzierung in Form pauschaler Sätze, z. B. für jeden Teilnehmer oder jeden Schulungstag. Besonders interessant ist diese Finanzierungsart, wenn die tatsächlichen Kosten dann auch nicht mehr einzeln nachgewiesen werden müssen, wie es z. B. beim *EU-Programm für Lebenslanges Lernen* seit einigen Jahren der Fall ist. Durch eine solche Pauschale können sich Einsparungen oder zusätzliche Einnahmen voll zugunsten des Gesamtprojekts auswirken.

Förderung bedeutet mehr als Geld

Zum Abschluss des Kapitels möchte ich Sie darauf aufmerksam machen, dass sich die Förderung in der Regel nicht auf die finanziellen Zuwendungen beschränkt und gerade darin der deutliche Mehrwert von Fördermitteln im Vergleich zu Spenden und Sponsorenmitteln besteht.

Förderinstitutionen legen häufig großen Wert darauf, die Vernetzung und den Erfahrungsaustausch zwischen ihren verschiedenen Projektträgern gezielt zu fördern. Förderer können mit ihrem übergreifenden Fachwissen, der Betreuung durch Experten und durch zusätzliche Sachmittel einem Projekt und seinen Trägern wichtige Impulse geben und eine breite öffentliche Wahrnehmung sicherstellen.

Wie bei jeder Partnerschaft können sich dauerhafte enge Beziehungen herausbilden und Sie können ggf. als zuverlässiger und engagierter Träger in den Kreis der festen Förderpartner aufgenommen werden.

Praxisaufgabe:

In welchem der vier großen Förderbereiche – öffentliche Förderung, Förderstiftungen, Lotteriemittel und Förderfonds – haben Sie bereits Erfahrungen gesammelt und welche Bereiche können Sie sich noch erschließen?

Wie können Sie als Projektträger auch von personenbezogenen Förderungen profitieren?

In welche Kategorien lassen sich die Projekte einordnen, für die Sie eine Förderung suchen?

Welche Folgen können veränderte Ein- und Ausgaben auf eine Förderung in Form der Anteilsfinanzierung haben?

Kapitel 4: Vorbereitung ist alles – besonders bei der systematischen Suche

In diesem Kapitel:

- Nach was suchen wir eigentlich? – Definition der Suchkriterien
- Schleichwege um den Antragsstau
- Informationsquellen und Aufbau der eigenen Förderdatenbank

Angesichts der oben beschriebenen Vielzahl von Fördermöglichkeiten ist klar geworden, dass man die Suche systematisieren muss, um sich nicht im Förderdschungel zu verirren.

Nach was suchen wir eigentlich? – Definition der Suchkriterien

Für Ihr Projekt müssen wir nur die genauen Suchkriterien definieren. Da das Konzept ja schon ausgearbeitet ist, ist das nur noch ein relativ kleiner Schritt. Arbeiten Sie einfach die folgende Checkliste durch, die den Großteil der Kriterien von Förderprogrammen berücksichtigt.

Checkliste 10: Projekteigenschaften als Selektionskriterien für die Suche

KRITERIUM	**Relevanz**
Zeitliche Rahmenbedingungen	
• Frühester Projektstart	
• Spätester Projektstart	
• Voraussichtliche Dauer	
• Sonstiges ________________________	
Örtlicher Bezug des Projekts	
• Kommune	
• Landkreis, Bezirk, spezifische Region	

• Bundesland	
• Nationalstaat	
• Europa/International/Global	
• Sonstiges ______________________________	
Bezieht sich das Projekt auf einen Verantwortungs-bereich der öffentlichen Hand?	
• Kommune und regionale Stellen	
• Bundesland	
• Bund	
• Europäische Union	
• Sozialversicherungsträger	
• Unterstützt die öffentliche Hand das Vorhaben?	
Thematischer Bezug 1: gemeinnützige und sozialpolitische Zwecke	
• Sozial- und Gesundheitsdienstleistungen	
• Krankheit und Pflege	
• Behinderung	
• Kinder, Jungendliche, Familien, Frauen, Senioren	
• Rente	
• Arbeit und Beschäftigung	
• Soziale Grundsicherung	
• Umwelt- und Naturschutz	
• Bildung und Erziehung	
• Wissenschaft und Forschung	
• Kunst und Kultur	

• Bürgerschaftliches Engagement	
• Politische Aufklärung	
• Sport	
• Völkerverständigung	
• Entwicklungshilfe	
• Landschafts- und Denkmalschutz	
• Brauchtum, Heimatgedanke	
• Sonstiges ______________________________	
Thematischer Bezug 2: wirtschaftspolitische Zwecke	
• Arbeitsmarkt	
• Wirtschaftliche Infrastruktur und Regionalentwicklung	
• Innovation, Forschung und Entwicklung	
• Energetische Sanierung	
• Existenzgründung	
• Außenhandel	
• Sonstiges ______________________________	
Direkte und indirekte Zielgruppen	
• Zielgruppe 1 ____________________________	
• Zielgruppe 2 ____________________________	
• Zielgruppe 3 ____________________________	
• Zielgruppe 4 ____________________________	
• Zielgruppe 5 ____________________________	
• Zielgruppe 6 ____________________________	
• Wäre die Nutzung von Einzelfallförderung hilfreich?	

• Wer profitiert außer den Beteiligten direkt und indirekt von den Ergebnissen	
Eigene Organisation	
• Partner, Netzwerke, Verbände	
• Branche/Wirtschaftszweig	
• Sonstiges ____________________	
Projektausrichtung	
• Einzelmaßnahme	
• In sich abgeschlossenes Projekt/Vorhaben	
• Institutionelle Aktivitäten	
• Aufklärungs- und Öffentlichkeitskampagnen	
• Vernetzungs- und Kooperationsprojekte	
• Qualifizierungs- und Bildungsprojekte	
• Innovation, Konzeptentwicklung und -umsetzung	
• Internationale Mobilität und Zusammenarbeit	
• Informationssammlung, (Markt-)Forschung, Auswertung	
• Entwicklung von Dienstleistungen und Produkten	
• Anschubfinanzierung für neue Arbeitsfelder	
• Investition (bauliche Maßnahmen)	
• Investition (Sachmittel und Fahrzeuge)	
• Sonstiges ____________________	
Bestehende und potenzielle Finanzierungsmöglichkeiten	
• Eigenmittel (finanziell, Sachmittel, Personal)	
• Beiträge der Projektpartner (finanziell, Sachmittel, Personal)	

• Einnahmen durch Projekt/Maßnahme	
• Spenden (Finanziell, Sachmittel)	
• Sponsoring (Finanziell, Sachmittel)	
Was soll gefördert werden?	
• Sachmittel	
• Dienstleistungen	
• Projektspezifische Personalkosten	
• Direkte Zuschüsse an Personen/Familien	
• Investitionskosten	
• Institutionelle Kosten	
• Sonstiges ___________________________	
Wie flexibel kann das Vorhaben an mögliche Wünsche von Förderinstitutionen angepasst werden?	
• Beginn, Ende und Dauer	
• Einschränkung/Erweiterung der Zielgruppen	
• Einschränkung/Erweiterung des örtlichen Bezugs	
• Berücksichtigung von weiteren Partnern	
• Verbreitung der Ergebnisse	
• Evaluation (intern/extern)	
• Externe Finanzprüfung	
• Höhe des finanziellen Eigenanteils	
• Sonstiges ___________________________	
Werden bestimmte Förderinstitutionen grundsätzlich ausgeschlossen?	
• Welche: ____________________________	

Mit den Ergebnissen lassen sich schon die ersten Aussagen über die prinzipiellen Fördermöglichkeiten für Ihr Projekt treffen. Wenn das Vorhaben in spätestens in vier Wochen starten soll, Sie keinerlei Eigenmittel aufbringen können und eine externe Finanzprüfung kategorisch ausschließen, dann sollten Sie sich auf alternative Finanzierungswege konzentrieren. Fördermittel können Sie unter diesen Bedingungen grundsätzlich nicht gewinnen.

Am besten halten Sie die ausgefüllte Checkliste griffbereit, wenn Sie die folgenden Kapitel 5 bis 8 durchlesen, in denen die Förderbereiche im Detail vorgestellt werden. Dann werden Sie schnell erkennen, welche Zuschussquellen am besten zu Ihrem Vorhaben passen.

Bevor Sie viel Aufwand in die Suche stecken, sollten Sie sich klar machen, welche Folgen eine externe Förderung für ein Projekt haben kann. In den seltensten Fällen wird das Projekt unverändert aus dem Antrags- und Förderprozess hervorgehen. Meist müssen Sie Kompromisse auf organisatorischer oder thematischer Ebene eingehen.

Schleichwege um den Antragsstau

Die Gewinnung von Fördermitteln ist ein umkämpfter Markt. Viele Förderinstitutionen stöhnen unter regelrechten Antragsfluten. Das führt zum Antragsstau, wodurch Ihr Projekt möglicherweise erst nach vielen Monaten zum ersten Mal bearbeitet wird – zu einem Zeitpunkt an dem es schon längst angelaufen sein sollte. Wie immer, wo Menschen zusammenarbeiten, gibt es aber auch Wege, die Bearbeitung seines Antrags zu beschleunigen. Es ist keineswegs unlauter, wenn Sie Ihre Beziehungsnetzwerke ausbauen und gezielt zu diesem Zweck nutzen.

Erinnern wir uns an die Tatsache, dass eine Förderbeziehung auf Vertrauen gründet. Es fällt nun mal leichter, jemanden sein Geld anzuvertrauen, den man persönlich kennt, mit dem man positive Erfahrungen gemacht hat oder der von geeigneter Stelle empfohlen wurde. Deshalb sollten Sie bestehende Kontakte sorgfältig pflegen. Einen Förderer kann es beispielsweise sehr verstören, wenn vertraute Ansprechpartner der Non-Profit-Organisation unvermittelt ersetzt werden oder wenn gleichzeitig mehrere Mitarbeiter Kontakt aufnehmen und sich nach der Förderung verschiedener Projekte erkundigen.

Nicht nur haben 70 bis 80 Prozent aller Förderquellen einen ausschließlich lokalen oder regionalen Förderschwerpunkt. Auch die Beziehungspflege ist ein gutes Argument dafür, die Suche nach Fördermitteln vor Ort zu konzentrieren. Denn hier haben Sie Ihre Kontakte! Immer wieder stelle ich fest, dass gemeinnützige Organisationen gar nicht wissen, was für ein gut ausgebautes Beziehungsnetzwerk zu potenziellen Förderinstitutionen sie haben. Häufig engagieren sich Personen des öffentlichen Lebens im ehrenamtlichen Vorstand oder

Beirat einer Organisation. Aber nicht nur solche „offiziellen Beziehungen“ zählen. Egal, ob Mitglied der Geschäftsführung, hauptamtlicher oder ehrenamtlicher Mitarbeiter oder nur Unterstützer – jeder könnte hilfreich sein. Analysieren sie mit den folgenden Checklisten das versteckte Netzwerkpotenzial. Diese Arbeit lohnt sich schon, wenn sich dadurch nur ein einziger Förderantrag beschleunigen lässt.

Checkliste 11: Analyse der bestehenden Beziehungen zu Förderinstitutionen

Welche Institutionen haben uns in der Vergangenheit gefördert? Welche Förderinstitutionen kennen unsere Aktivitäten?
• Öffentliche Hand
• Stiftungen
• Sponsoren
• Förderfonds
• Lotteriemittel
• Sonstige
Welche Organisationsmitglieder haben Kontakte zu Förderinstitutionen?
• Vorstände/Aufsichtsräte/Führungskräfte
• Sonstige hauptamtliche Mitarbeiter
• Ehrenamtliche Mitarbeiter, Unterstützer, Spender, etc.
Welche externen Personen/Entscheider und welche Institutionen kennen unsere Aktivitäten und haben Beziehungen zu Förderinstitutionen oder können uns empfehlen?
• Politisches und öffentliches Umfeld
• Wirtschaftliches Umfeld
• Finanzinstitute
• Eigene Dachverbände und Gliederungen
• Sonstige Verbände und Interessenvertretungen

• Presse und Medien
• Kooperationspartner

Praxisaufgabe:

Eruieren sie die bestehenden Beziehungen Ihrer Institution zu Förderpartnern. Wahrscheinlich können Sie nicht alle gefragten Punkte selbst beantworten. Welche Kontakte haben beispielsweise die Mitglieder Ihres Vorstands auf irgendwelchen Tagungen zu Entscheidungsträgern von Förderinstitutionen geknüpft?

Fragen Sie!

Gehen Sie die Checkliste mit den relevanten Personen in Ihrer Organisation durch – und relevant kann jeder sein – oder ermitteln Sie die Informationen zum Beispiel bei Gremiensitzungen. Sie werden wahrscheinlich überrascht sein, auf wie viele bestehende Beziehungen Sie aufbauen können.

Informationsquellen und der Aufbau der eigenen Förderdatenbank

Wo lassen sich nun genauere Informationen über die verschiedenen Zuschussquellen und Förderausschreibungen finden? Gibt es nicht eine Datenbank im Internet, am besten kostenlos, in der alle Förderprogramme verzeichnet sind? Die ernüchternde Antwort lautet leider: nein. Einen solchen Aufwand kann niemand leisten. Sie müssen sich also die Informationen selbst suchen. Sie müssen aber nicht die Zehntausende Fördermöglichkeiten in Deutschland kennen. Sie suchen ja nur diejenigen Finanzierungsmöglichkeiten, die zu Ihrem Tätigkeitsfeld, Ihrem regionalen Umfeld und Ihrer Organisation passen.

Aus diesem Grund empfehle ich Ihnen, eine kleine Datenbank der für Sie relevanten Förderprogramme aufzubauen. Das kann eine Sammlung von Karteikarten sein, ein Ordner mit bestimmten Kategorien oder eine Tabelle in Ihrem PC. Mit folgender Checkliste können Sie die zentralen Informationen von Förderprogrammen und –ausschreibungen vollständig erfassen:

Checkliste 12: Notwendige Felder für eine eigene Förderdatenbank

- Name und Kontaktdaten der Förderinstitution
- Name des Ausschreibungs-/Förderprogramms
- Thema und Zielgruppe der Ausschreibung

- Geografische Einschränkungen für die Durchführung des Vorhabens oder für den Standort des Antragstellers
- Antragstermine
- Förderziel
- Förderfähige Kosten
- Potenzielle Fördersummen
- Umfang der notwendigen Eigenmittel
- Formale Voraussetzungen an den Antragsteller
- Form der Antragstellung

Wie dass in der Praxis aussehen kann, soll der folgende Steckbrief aus unserem Fördermittelführer zeigen:

Kinderhilfsaktion Herzenssache e. V.: Förderprogramm

Förderschwerpunkt/ -programm	Kinderhilfsaktion des Südwestrundfunks (SWR) und des Saarländischen Rundfunks (SR)
Themen/Zielgruppen	Kinder- und Jugendprojekte für Benachteiligte
Örtliche Einschränkung	Baden-Württemberg, Rheinland-Pfalz und Saarland (Sendegebiet), Projekte im Ausland, bei Projektverantwortung einer inländischen Organisation
Antragstermine	Fortlaufend
Förderziel	Beispiele für das Förderspektrum: • Bessere Lebensbedingungen für kranke und behinderte Kinder und Jugendliche • Bildung: Hausaufgabenhilfe, Lese- und Sprachförderung, Schulbücher und Ausrüstung, Ausbildungsförderung • Familie: Familienhelfer, Elternführerschein, Alleinerziehende, Frauenhäuser, minderjährige Mütter • Freizeit: Jugendzentren und Freizeitclubs, Musik-, Theater- und Kunstaktionen, Sportgruppen • Gesundheit: medizinische Vorsorge und Betreuung, Ernährungsberatung, Mittagstische und Tafel-Projekte

	• Umwelt: Nachbarschaftsprojekte, Integrationsmaßnahmen, Verschönerungsaktionen
Förderfähige Kosten	Folgekosten gesichert, keine Entlastung des Staates, keine Dauerfinanzierung; Personalkosten nur ausnahmsweise
Fördersumme	maximal 500.000 Euro einmalig
Notwendige Eigenmittel	mindestens 10 Prozent
Voraussetzungen Antragsteller	soziale Einrichtung, Selbsthilfegruppe oder Verein
Form der Antragstellung	Formular (Download) per Post
Kontaktadresse	Herzenssache e. V. Südwestrundfunk (SWR) Am Fort Gonsenheim 139 55122 Mainz Tel.: +49 (0)6131-929 3931
Internetseite	www.swr.de/herzenssache; www.herzenssache.de

Eine der wichtigsten Informationsquellen sind die lokalen und regionalen Medien. Fast täglich wird über Projekte mit externer Förderung berichtet: Der Gemeinderat verabschiedet einen Förderzuschuss für eine Musikschule, eine Gruppe von Auszubildenden kommt von einer Auslandshospitation zurück und berichtet über ihre Erfahrungen oder eine ehrenamtliche Initiative wird als Vorbildprojekt mit einem Preis der Sparkasse ausgezeichnet.

In der folgenden Checkliste habe ich Ihnen die wichtigsten Informationsquellen zusammengestellt, die sie im Blick behalten sollten.

Checkliste 13: Übergreifende Informationsquellen zu Zuschussmöglichkeiten

Regionale Informationsquellen
• Kollegen aus anderen Organisationen und Unternehmen
• Kommunen
• Finanzinstitute

• Pfarrgemeinden, Dekanate, Landeskirchen, Diözesen
• Lokale Medien
Regionale Interessengruppen (z. B. Fundraising-Verband)
• Dachorganisationen der Wohlfahrtsverbände und Kirchen
• Regionale Bündnisse für gemeinnützige Aktivitäten
• Ausschreibungen von Preisen und Wettbewerben
Nationale Informationsquellen
• Fachmedien (Auflistung siehe Anhang)
• Verbände (z. B. Deutscher Fundraising Verband, aber auch Berufsverbände und Dachorganisationen)
• Bundesverband Deutscher Stiftungen (Arbeitsgruppen, Konferenzen, Newsletter, Mitgliedermagazin)
• Stifterverband für die Deutsche Wissenschaft e. V.

Daneben gibt es natürlich viele weitere Informationsquellen, die sich auf bestimmte Themen (z. B. Fördermöglichkeiten für Kunst- und Kulturprojekte) spezialisiert haben. Die entsprechenden Literatur- und Internettipps finden Sie im Teil 7 unseres Handbuchs. Informationsquellen zu bestimmten Förderbereichen, wie öffentliche Förderung, Lotteriemittel, Stiftungen und Förderfonds, finden sie in den folgenden Kapiteln.

Praxisaufgabe

Richten sie sich eine praktikable eigene Förderdatenbank ein. Sammeln sie dort systematisch alle Informationen über Förderprogramme und bitten Sie Kollegen, Ihnen entsprechende Informationen weiterzuleiten.

Kapitel 5: Förderung durch die öffentliche Hand

In diesem Kapitel:

- Öffentliche Zuwendungen: Hier wird Politik gemacht
- Förderung von gemeinnützigen Aktivitäten
- Wirtschaftsförderung
- Das Subsidiaritätsprinzip
- Jeder kocht ein eigenes Süppchen? – Föderale Förderstrukturen
- Keine Angst vor den rechtlichen Rahmenbedingungen
- Hand in Hand mit der öffentlichen Hand
- Die besten Informationsquellen

Allen Unkenrufen zum Trotz ist in Deutschland die öffentliche Förderung nach wie vor die umfassendste und größte Finanzierungsquelle für die Aktivitäten von gemeinnützigen Trägern. Nach einer Studie von H. K. Anheier und W. Seibel werden knapp 70 Prozent aller Ausgaben von Non-Profit-Organisationen durch öffentliche Mittel gedeckt. Auch wenn in vielen Bereichen die Zuschüsse zurückgehen, ist – insbesondere im internationalen Vergleich – die Unterstützung nach wie vor sehr großzügig. Ich hatte schon den Auftrag, Zuschüsse für gemeinnützige Organisationen in Ländern wie Spanien, Ungarn und Rumänien zu recherchieren: Dort wäre man froh, wenn es auch nur einen Bruchteil unserer öffentlichen Unterstützung gäbe.

Der Großteil der öffentlichen Leistungen erfolgt in Form der Regelfinanzierung, z. B. durch die Sozialversicherungen. Auch die Vergabe über öffentliche Ausschreibungen, z. B. im Rettungswesen, gewinnt zunehmend an Bedeutung. Über alle staatlichen Ebenen hinweg haben die sogenannten freiwilligen Leistungen, auf die allein die Definition der Fördermittel zutrifft, einen geschätzten Anteil von zehn bis 15 Prozent. In der Summe sind das zweistellige Milliardenbeträge.

> Die Fördermittel der öffentlichen Hand übertreffen alle anderen Finanzierungsquellen für gemeinnützige Träger um ein Vielfaches.

Organisationen, die mit ihrer Arbeit die öffentliche Hand entlasten oder politisch vorgegebene Ziele verfolgen, haben prinzipiell sehr gute Chancen auf freiwillige Zuschüsse von staatlichen Stellen. Der Wettbewerb unter den Organisationen wird sich aber sicher verstärken. Deshalb ist eine professionelle Vorgehensweise erforderlich.

Öffentliche Zuwendungen: Hier wird Politik gemacht

Voraussetzung für eine öffentliche Förderung ist grundsätzlich, dass Ihre Aktivitäten im öffentlichen Interesse liegen. Allerdings ist das aktuelle öffentliche Interesse gar nicht allgemeingültig definiert. Es ist ein Ergebnis der politischen und öffentlichen Diskussion.

Zu welchen Themen und Aufgabengebieten können staatliche Stellen ihr Füllhorn von Fördermitteln ausschütten? Ein Schwerpunkt sind meist die gesetzlich geregelten Pflichtaufgaben, wie beispielsweise die Sicherstellung der Kinderbetreuung durch die Kommunen.

Der zweite Schwerpunkt ergibt sich aus der aktuellen politischen Tagesordnung. Wenn der Gemeinderat aus seinem Haushalt einen monatlichen Mietzuschuss für die örtliche Tafel beschließt, wenn der Bayerische Staat eine Förderstiftung zum Thema Hospiz gründet oder das Familienministerium ein Förderprogramm für Mehrgenerationenhäuser ausschreibt, dann sind das die Ergebnisse von Prozessen der politischen Entscheidungsbildung, an denen wir alle teilnehmen können.

Wir haben etwas zu bieten: Non-Profit-Organisationen als Partner

Die öffentlichen Stellen, egal ob Gemeinderat, Bürgermeister oder Landesminister, sind sich meist des großen Potenzials von gemeinnützigen Organisationen bewusst und pflegen in der Regel ein sehr partnerschaftliches Verhältnis. Nicht umsonst gibt es ja auch zahlreich persönliche Verflechtungen, wenn öffentliche Würdenträger sich in ehrenamtlichen Vorständen und Aufsichtsräten unserer Organisationen engagieren.

Förderung von gemeinnützigen Aktivitäten

Das staatliche Engagement in den einzelnen Bereichen gemeinnütziger Aktivitäten fällt aber sehr unterschiedlich aus:

Weiter auf Wachstumskurs: Sozial- und Gesundheitswesen

In unserem Sozialstaat gehört die Regelung der Sozial- und Gesundheitsfürsorge zu den Pflichten der öffentlichen Hand und zu den größten Haushaltsposten. Aus diesem Grund profitieren freie Träger aus dem Bereich Sozial- und Gesundheitswesen am stärksten von der staatlichen Finanzierung. Im Durchschnitt deckt die öffentliche Hand 80 Prozent der Ausgaben von gemeinnützigen Dienstleistern in diesem Bereich. Diese beeindruckende Zahl ist nicht durch Zufall zustande gekommen, sondern Folge einer „Arbeitsteilung‘ zwischen den staatlichen Stellen und den freien Trägern, wie z. B. Diakonie, Caritas, Arbeiterwohlfahrt oder Rotes Kreuz. Schon in der Weimarer Republik wurde unter dem Fachbegriff „Subsidiarität des Sozialstaats“ gesetzlich geregelt, dass die öffentliche Hand nur dann selbst soziale Dienste wie z. B. Kindergärten oder Altenheime aufbaut, wenn dies von freien Trägern nicht geleistet werden kann.

Den größten Teil der Aktivitäten in der Alten-, Behinderten- und Jugendhilfe decken Instrumente der Regelfinanzierung ab, z. B. reglementiert über die Sozialgesetzbücher SGB. Für einzelne Felder, (welche aber nicht gesetzlich geregelt sind), oder für innovative Pilotprojekte wird eine Vielzahl von Förderprogrammen mit freiwilligen Zuwendungen ausgeschrieben.

Deutschlands Zukunftshoffnung: Bildung und Wissenschaft

Wenn man in den Medien die kontinuierlichen Diskussionen über die Pisa-Studien und den Bologna-Prozess, den Ausbau der Kitaplätze oder die fortlaufenden Reformen des Schulsystems verfolgt, kann man schnell erkennen, dass Bildung und Wissenschaft zentrale Zukunftsthemen für die politische Öffentlichkeit sind. Entsprechend großzügig sind hier auch die öffentlichen Förderprogramme. Die Förderprogramme setzen auf allen Ebenen an, angefangen bei der frühkindlichen Betreuung über die Verbesserung der Schul- und Hochschulsysteme und die politische Bildung bis hin zu Forschung auf internationalem Spitzenniveau.

Harter Wettbewerb: Kulturförderung

Die Förderung von kulturellen Einrichtungen und Aktivitäten zählt zu den freiwilligen Aufgaben der öffentlichen Hand, die in Deutschland eine lange Tradition haben. Das spiegelt sich darin wider, dass der Großteil der Kultureinrichtungen, wie Theater, Museen, Konzertsäle und Orchester, als Institutionen der öffentlichen Hand betrieben werden. Das Budget der öffentlichen Haushalte für die gemeinnützige Kulturförderung betrug laut statistischem Bundesamt im Jahr 2009 8,32 Mrd. Euro. Davon trugen 44 Prozent die Kommunen, 41 Prozent die Bundesländer und 15 Prozent der Bund. Ein deutlicher Schwerpunkt ist dabei die sogenannte „Hochkultur“. Der Anteil der öffentlichen Hand an der Finanzierung freier, gemeinnütziger Träger beträgt im Durchschnitt 60 Prozent.

Angesichts der schrumpfenden Haushaltsmittel konzentrieren viele Kommunen Ihre Mittel auf bestehende eigene Einrichtungen. Zudem treten die öffentlichen Kultureinrichtungen verstärkt aktiv mit eigenen Fundraisingaktivitäten in Konkurrenz zu den freien Trägern.

Bewegt Euch! – Förderung von Breiten- und Spitzensport

Sport ist ein weiterer Schwerpunkt der öffentlichen Förderung. Meist geht es dabei um strukturelle Hilfen. Fast jede Kommune unterhält eigene Sportstätten und gibt Zuschüsse sowohl zu Sportveranstaltungen als auch direkt an Verbände und Vereine. Der Spitzensport wird durch die Finanzierung von Sportstützpunkten und die Sportgruppen der Polizei und der Bundeswehr gefördert.

Umweltschutz

Auch im Umweltschutz überwiegen strukturelle Fördermaßnahmen. Jedes Bundesland hat eigene Umwelt- und Naturschutzstiftungen, die z. B. die Einrichtung und den Ausbau von Naturschutzgebieten oder die Durchführung von Renaturierungsprojekten finanzieren. Dadurch bleiben für freie, gemeinnützige Träger wenig Fördermittel übrig, sodass die öffentliche Hand hier nur einen durchschnittlichen Anteil von etwa 23 Prozent der Ausgaben trägt. Eine neue Dynamik erfährt der Bereich durch die aktuelle Klimaschutzdebatte und die beschlossene Energiewende.

Migration und Asyl

Die Integration von in Deutschland lebenden Migranten, die Lenkung von Migrationsströmen und die Betreuung von Asylsuchenden betreiben nicht nur öffentliche Einrichtungen. Durch entsprechende Förderausschreibungen bestehen auch für freie Träger Möglichkeiten, ihre Aktivitäten finanzieren zu lassen.

Internationale Kooperationen und Entwicklungszusammenarbeit

Hier ist die Förderung grundsätzlich nicht auf Aktivitäten in Deutschland beschränkt. Die öffentliche Hand möchte zur Völkerverständigung beitragen und die internationale Zusammenarbeit beispielsweise in Bildung, Forschung, Klimaschutz und Wirtschaft stärken. Finanziell sehr stark ausgestattet ist auch der Bereich der Entwicklungszusammenarbeit.

Neuer Schwerpunkt: Bürgerschaftliches Engagement

Die Politik ist sich bewusst, dass die finanziellen Gestaltungsspielräume der öffentlichen Hand zurückgehen. Aus diesem Grund wird große Hoffnung auf den gezielten Ausbau des bürgerschaftlichen Engagements gesetzt. Ein Schwerpunkt liegt hier wieder bei strukturellen Hilfen, z. B. durch die Schaffung verbesserter Abschreibungsmöglichkeiten für Spenden und Zustiftungen, den Aufbau des Bundesfreiwilligendienstes oder die Einrichtung von regionalen Koordinierungsstellen für ehrenamtliche Arbeit. Themenübergreifende, direkte Förderprogramme für die Organisationen bürgerschaftlichen Engagements, wie z. B. die Thüringer Ehrenamtsstiftung, sind aber leider die Ausnahme. Der Großteil der Förderung erfolgt nach wie vor themenspezifisch.

Wirtschaftsförderung

Unsere Seminarteilnehmer und Auftraggeber sind immer wieder überrascht, dass sie als gemeinnützige Träger auch die Programme der Wirtschaftsförderung für ihre Aktivitäten nutzen können.

> Gemeinnützige Träger können auch die Programme der Wirtschaftsförderung nutzen!

Zum einen sind Non-Profit-Organisationen selbst ein wichtiger Wirtschaftsfaktor: Im Unternehmensregister des Statistischen Bundesamts finden sich knapp 105.000 zivilgesellschaftliche Organisationen. Welch starke Rolle sie in Deutschland spielen, verdeutlichen die jüngsten Statistiken des Forschungsprojekts *Zivilgesellschaft in Zahlen*. Mit einer Bruttowertschöpfung von fast 90 Mrd. Euro im Jahr 2007 hat der Bereich einen Anteil von 4,1 Prozent an der Bruttowertschöpfung der deutschen Wirtschaft und bietet sozialversicherungspflichtige Arbeit für 2,3 Mio. Menschen. Mit 1,4 Mio. Arbeitskräften ist der Sozial- und Gesundheitsbereich dabei der größte.

Zum anderen leisten wir einen wichtigen Beitrag zur wirtschaftlichen Entwicklung: Beispielsweise qualifizieren wir benachteiligte und behinderte Menschen für den Arbeitsmarkt, entlasten durch Kinderbetreuung arbeitstätige Eltern oder leisten die soziale und medizinische Versorgung in benachteiligten ländlichen Regionen.

Der Klassiker: Arbeitsmarktförderung

Nach wie vor ist die hohe Arbeitslosigkeit eine der größten sozialen Herausforderungen für unsere Gesellschaft. Bei der Qualifizierung und Vermittlung sind gemeinnützige und gewerbliche Träger wichtige Partner der Arbeitsverwaltung. Im Bereich der regelfinanzierten Leistungen herrscht hier aber ein knallharter Wettbewerb, bei dem meist der niedrigste Preis über die Vergabe von Aufträgen entscheidet.

Es gibt aber auch zahlreiche Ausschreibungen für freiwillige Zuschussprogramme. Hier spielt insbesondere der Europäische Sozialfonds (ESF) eine wichtige Rolle.

Stark im Kommen: Existenzgründung und Social Entrepreneurship

Die Programme zur Existenz- und Unternehmensgründung sind oft eng mit der Arbeitsmarktförderung verbunden. Dies ist ein finanziell hervorragend ausgestatteter Bereich, der nur langsam ins Blickfeld gemeinnütziger Träger gerät.

Die Aktivitäten des Friedensnobelpreisträgers Muhammad Yunus können ein Vorbild sein. Durch die Vergabe von Kleinstkrediten an Frauen hat er die Armut in vielen Gegenden von Bangladesch nachhaltig verringern können. Solche Aktivitäten werden auch gerne mit dem Begriff „Social Entrepreneurship" bezeichnet. Inzwischen gibt es auch in Deutschland Gelder für solche Mikrokreditprogramme, für die engagierte Vergabe- und Betreuungsorganisationen gesucht werden.

Wer ist schon ein Konzern? – KMU-Förderung

Hat Ihre Organisation weniger als 250 hauptamtliche Mitarbeiter und Umsatzerlöse von weniger als 50 Mio. Euro bzw. eine Bilanzsumme von weniger als 43 Mio. Euro? Wenn ja, dann erfüllen Sie die europäischen Kriterien für kleine und mittlere Unternehmen (KMU) und damit steht Ihnen grundsätzlich die Vielzahl von Förderprogrammen für diese Firmengruppe offen. Egal, ob es um die Qualifikation von Mitarbeitern, betriebliche Kinderbetreuung, energieeffizientes Sanieren oder die Entwicklung und Einführung von Innovationen geht – die Vielfalt der Förderprogramme ist enorm.

Nicht nur für Wissenschaftler: Forschung und Innovation

Der Etat für Bildung und Forschung ist der einzige im Bundeshaushalt, der kontinuierlich wächst! 2012 soll er um fast zehn Prozent auf 12,8 Mrd. Euro wachsen. Der Gesundheits- und Sozialbereich ist dabei einer der Förderschwerpunkte, von denen man sich in Zukunft großes Wachstum verspricht. Der Einsatz von Sensoren, damit Pflegebedürftige sicher zu Hause leben können, oder die Nutzung der Robotik für Menschen mit schwerer Behinderung sind Beispiele für aktuelle Förderprojekte.

Die Ansprüche an Forschungs- und Innovationsprojekte sind sicher nicht zu unterschätzen. Industrie und Forschungseinrichtungen suchen aber gezielt nach Praxispartnern, welche die Anwendungssituation in der Pflege oder Therapie gut kennen und sie bei der praktischen Erprobung unterstützen können. In einer solchen Kooperation können Sie getrost den Forschungsprofis die Antragstellung überlassen und erhalten so Zuschüsse zu Ihren Personal- und Sachkosten.

Neue Wachstumsmärkte: Branchenförderung

Wahrscheinlich hat Ihre Organisation kein besonderes Know-how in der Nano- oder Biotechnologie. Das sind zur Zeit zwei Schwerpunkte der Branchenförderung in Deutschland. Aber erstaunlicherweise hat die Politik einige spezifische Märkte identifiziert, in denen auch viele gemeinnützige Träger professionelle Angebote entwickeln und etablieren möchten, z. B.:

- *Initiative Kultur- und Kreativwirtschaft* der Bundesregierung (www.kultur-kreativ-wirtschaft.de)

- *Förderung der Gesundheitswirtschaft* des Ministeriums für Arbeit, Gesundheit und Soziales des Landes NRW (www.gesundheitswirtschaft-nrw.de)
- *IKT 2020* – assistierte Pflege von morgen – ambulante technische Unterstützung und Vernetzung von Patienten, Angehörigen und Pflegekräften

Mehr als Milchquoten: Förderung des ländlichen Raums

Sie müssen keine eigenen Kühe im Stall haben, um an die Fördertöpfe für den ländlichen Raum zu kommen. Diese gehen weit über die direkten Agrarsubventionen für Landwirte hinaus. Wenn Sie behindertengerechte Ferien auf dem Bauernhof anbieten möchten oder eine innovative Idee haben, mit der Sie wohnortnahe Sozial- und Gesundheitsdienstleistungen außerhalb der Metropolregionen sicherstellen möchten, dann empfehle ich Ihnen, die Förderprogramme für den ländlichen Raum genauer anzusehen.

Aktueller denn je: Klimaschutz

Um die selbst gesetzten Klimaschutzziele zu erreichen, setzt die öffentliche Hand zahlreiche Anreizprogramme ein. Auf immer mehr Dächern von Kindergärten und Krankenhäusern finden sich Solarzellen. Gemeinnützige Träger, bzw. ihre gewerblichen Tochterunternehmen, gehören inzwischen zum Kreis der Stromerzeuger.

Die energetische Sanierung der eigenen Gebäude lohnt sich allein schon wegen der eingesparten Energiekosten, wird aber durch zusätzliche Zuschüsse und Sonderkreditprogramme beispielsweise der Kreditanstalt für Wiederaufbau (KfW) versüßt.

Das Subsidiaritätsprinzip

Der Begriff der Subsidiarität wird in verschiedenen Zusammenhängen verwendet, was immer wieder zu Verwechslungen und Unklarheiten führt. Da wir in unserem Bereich immer wieder auf das Subsidiaritätsprinzip stoßen, empfehle ich Ihnen, den Begriff z. B. in Wikipedia oder der Online-Ausgabe von Gablers Wirtschaftslexikon nachzuschlagen (wirtschaftslexikon.gabler.de/Definition/subsidiaritaet.html).

Dort heißt es in der Kurzdefinition: „*Nur dort, wo die Möglichkeiten des Einzelnen bzw. einer kleinen Gruppe nicht ausreichen Aufgaben zu lösen, sollen staatliche Institutionen subsidiär eingreifen. Dabei ist der Hilfe zur Selbsthilfe der Vorrang vor einer unmittelbaren Aufgabenübernahme durch den Staat zu geben.*“ Für das Fördermittelgeschäft lassen sich daraus drei Grundsätze ableiten:

- Die öffentliche Hand wird nur dann aktiv, wenn andere Personen und Organisationen die Aufgaben nicht besser übernehmen können.
- Innerhalb der staatlichen Strukturen soll je nach Wirkung und Einzugsgebiet immer die öffentliche Institution „vor Ort“ die Verantwortung (für die Förderung) übernehmen. In der Mehrheit der Fälle ist das bei gemeinnützigen Aktivitäten die Kommune.
- Öffentliche Mittel dürfen nur dann in Anspruch genommen werden, wenn keine ausreichenden Eigenmittel zur Verfügung stehen.

Jeder kocht ein eigenes Süppchen? – Föderale Förderstrukturen

Deutschland ist ein föderaler Staat, in dem die Verantwortlichen mit Argusaugen auf die richtige Verteilung der Machtbefugnisse zwischen Bund, Ländern und Gemeinden achten. Das kann auf persönlicher Ebene sehr nervig sein, wenn man z. B. mit seinen schulpflichtigen Kindern von einem Bundesland in ein anderes zieht und mit einem völlig anderen Schulsystem konfrontiert ist.

Aus Sicht des Fördermittelakquisiteurs ergeben sich aus den föderalen Strukturen spezifische Vor- und Nachteile. Die größte Herausforderung ist sicher, sich einen Überblick zu verschaffen, welche staatlichen Stellen grundsätzlich für die Förderung einer gemeinnützigen Aktivität in Frage kommen. Dazu kommt die Tatsache, dass je nach Finanzkraft des Landes das Förderpotenzial sehr unterschiedlich ist.

Ein großer Vorteil ist, dass man unter bestimmten Voraussetzungen für ein und dasselbe Projekt an verschiedene öffentliche Förderinstitutionen herantreten kann. Förderprogramme sind nun mal Ausdruck des politischen Gestaltungswillens. Und der sieht je nach parteipolitischer Prägung sowie dem persönlichem Durchsetzungsvermögen und der Kreativität der Beteiligten in jeder öffentlichen Institution anders aus. Auch wenn z. B. die vorschulische Kinderbetreuung eindeutig im Verantwortungsbereich der Kommunen liegt, können die für Familien zuständigen Landes- und Bundesministerien eigene Förderschwerpunkte für pilothafte Modellprojekte ausschreiben.

Ein weiterer Vorteil ist die Tatsache, dass wir uns als öffentliche Akteure natürlich an den politischen Entscheidungsprozessen aktiv beteiligen können. Darauf werde ich später genauer eingehen.

Schauen wir uns als nächstes die Förderschwerpunkte und Förderinstitutionen auf den verschiedenen Ebenen der öffentlichen Verwaltung an:

Direkt vor Ort: kommunale und regionale Förderung

Prinzipiell sind die Kommunen der erste Ansprechpartner für gemeinnützige Projekte. Attraktive Aktivitäten in den Bereichen Soziales, Sport, Umwelt, Bürgerschaftliches Engagement und Kultur sind den Gebietskörperschaften meist ein großes Anliegen. Meist bestehen zwischen den Trägern und der Verwaltung langjährige und vertrauensvolle Beziehungen.

Im föderalen Deutschland sind die kommunalen und regionalen Gliederungen je nach Bundesland unterschiedlich definiert: Man trifft auf Gemeinden, gemeindefreie Gebiete, Land- und Stadtkreise, Kommunalverbände, Regionalverbände, Landschaftsverbände und Regierungsbezirke

Am Beispiel der Verantwortung für die Behindertenhilfe kann man diese Vielfalt veranschaulichen: In Bayern sind die Regierungsbezirke für diesen Aufgabenbereich zuständig, in Hessen der Landeswohlfahrtsverband, in Sachsen der Kommunale Sozialverband und in Nordrhein-Westfalen die beiden Landschaftsverbände.

Wen soll ich aber jetzt mit meinem Projekt konkret anfragen? Die obersten Stellen sind das Amt des Bürgermeisters oder die entsprechende Regierungsdirektion. Sie haben z. T. eigene Mittel, können bei Bedarf aber natürlich auch auf andere zuständige Stellen verweisen.

Die Verwaltung ist meist nach Themen und Zielgruppen organisiert. Man findet Dezernate und Abteilungen zu den Themen Bildung, Schule, Sport, Soziales, Wohnen, Wirtschaft, Migration, Kultur, Umwelt usw. Daneben sollte man auch den Kontakt zu den Entscheidungsgremien pflegen, wie Gemeinde- und Stadträte, Kreis- und Bezirkstage. Im Vergleich zu den häufig wechselnden Zuständigkeiten auf Landes- und Bundesebene sind die Verantwortlichkeiten im kommunalen und regionalen Umfeld meist sehr stabil geordnet. Wenn man sich einmal einen Überblick über sein Thema in seinem Umfeld verschafft hat, muss man nach der nächsten Wahl mit Regierungswechsel nicht gleich wieder von vorne beginnen.

Wie einst in den Landesfürstentümern? – Die Förderung der Länder

Die Länder treten als Förderer auf, wenn es um Aktivitäten und Projekte geht, die mehrere Gebietskörperschaften oder das gesamte Landesgebiet betreffen. Daneben ist es bei vielen Ministerien beliebt, Förderprogramme für Modellprojekte auszuschreiben, die dann in verschiedenen Kommunen implementiert werden können.

Erste Ansprechpartner bei der Fördermittelrecherche sind die Ministerien und die angeschlossenen Verwaltungen. Dank des Internets sind für viele Bereichen Organigramme verfügbar, sodass Sie herausfinden können, wen Sie ansprechen sollten. Im Zweifelsfall gehen Sie über die Telefonzentrale.

Viele Wohlfahrtsverbände haben eigene Referenten, die im engen Kontakt mit den Mitarbeitern der Ministerien stehen. Wenn Sie einem solchen Verband angehören, empfehle ich Ihnen dringend, zuerst einmal mit Ihren eigenen „Schnittstellen“ zu sprechen. So erhalten Sie Insidertipps über die augenblickliche Fördersituation, die aktuellen politischen Schwerpunkte und die Eigenheiten der ministeriellen Ansprechpartner. Meiner Erfahrung nach sind die Verbände bei dieser Kontaktpflege aber sehr unterschiedlich aufgestellt und engagiert. Entsprechend unterschiedlich werden Ihre Erfolge bei der Fördermittelakquise ausfallen.

Die fachlichen Zuschnitte der Landesministerien sind sehr unterschiedlich. Es kann sein, dass Sie sich mit ein und demselben Projekt in verschiedenen Ländern an unterschiedliche Ministerien wenden müssen.

Außer Kontakten zur Verwaltung kann auch der Kontakt zu Ihrem Landtagsabgeordneten eine große Hilfe sein. Der Abgeordnete hat naturgemäß ein großes Interesse, Projekte und Organisationen aus seinem Wahlkreis zu fördern. Als Mitglied in bestimmten Ausschüssen kann er Ihnen eine gute Einschätzung zu aktuellen politischen Entscheidungen geben. Im Gegenzug sind Sie für ihn ein wertvoller Informant, beispielsweise als Experte für bestimmte Fachfragen oder als Gradmesser der öffentlichen Meinung.

Frisches aus Bonn und Berlin: Förderung des Bundes

Der Bund darf grundsätzlich aus Bundesmitteln nur solche Vorhaben fördern, die in seine Zuständigkeit fallen. Dazu gehören z. B. Aktivitäten von bundesweit tätigen Verbänden im Rahmen des Bundesaltenplans oder des Bundesjugendplans, Projekte der Entwicklungszusammenarbeit sowie internationale Projekte. Ausnahmsweise fördert der Bund auch Modellprojekte, die von bundesweiter Relevanz sind.

In Berlin und Bonn haben sich aktuell 2.150 Verbände mit ihren Lobbyisten in Stellung gebracht. Wenn Sie einem überregionalen Verband angehören, wie beispielsweise Rotes Kreuz, Caritas, Diakonie, AWO, Lebenshilfe, Johanniter, Verband deutscher Stiftungen oder Deutscher Fundraising Verband, ist ihr Lobbyist dabei! Versuchen Sie als Erstes, diesen Ansprechpartner zu identifizieren und nehmen Sie telefonisch Kontakt auf. Meiner Erfahrung nach freuen sich die Referenten sehr, wenn sie auch von der Basis wahrgenommen werden und ihr meist erstaunliches Insiderwissen weitergeben können. Viele geben ihre Einschätzungen und Tipps auch in Form von Newslettern oder Beiträgen in Verbandsmedien weiter.

Die folgenden Ministerien schreiben immer wieder Förderprogramme aus, die Ihre gemeinnützige Organisation nutzen kann.

- Auswärtiges Amt
- Bundesministerium des Innern
- Bundesministerium für Arbeit und Soziales
- Bundesministerium für Bildung und Forschung

- Bundesministerium für Ernährung, Landwirtschaft und Verbraucherschutz
- Bundesministerium für Familie, Senioren, Frauen und Jugend
- Bundesministerium für Umwelt, Naturschutz und Reaktorsicherheit
- Bundesministerium für Verkehr, Bau und Stadtentwicklung
- Bundesministerium für Wirtschaft und Technologie
- Bundesministerium für wirtschaftliche Zusammenarbeit und Entwicklung

Weitere Ansprechpartner auf dem Berliner Parkett sind natürlich die Abgeordneten des Bundestages, die Vertretungen der Parteien und die Vertretungen der Bundesländer.

Fördergeldimport aus Brüssel: Zuschüsse der Europäischen Union

Die Förderung der EU ist meist eng verzahnt mit den Förderprogrammen auf Ebene der Kommunen, der Länder und des Bundes. Bei Programmen des Europäischen Sozialfonds (ESF) werden beispielsweise europäische Mittel mit Geldern eines Bundesministeriums gebündelt ausgeschrieben. Da die europäische Förderung komplex und umfangreich ist, habe ich ihr das eigene Kapitel 6 gewidmet.

Wer ist jetzt eigentlich zuständig?

Für den Außenstehenden scheint der öffentliche Förderdschungel auch deswegen so undurchdringlich, weil die Verteilung der Verantwortung zwischen den staatlichen Ebenen nicht immer einfach zu durchschauen ist und weil viele Förderprogramme gar nicht allein von der Verwaltung betreut werden. In der Förderdatenbank des Bundes und der Länder finden sich über 150 verschiedene Institutionen, die öffentliche Förderprogramme betreuen!

Viele große Förderprogramme werden direkt über die Verbände koordiniert; für die Sozialwirtschaft sind das die Spitzenverbände der freien Wohlfahrt. Das bedeutet in der Praxis beispielsweise, dass die Bundesarbeitsgemeinschaft der freien Wohlfahrtspflege (BAGFW) eine sogenannte Regiestelle etabliert, die sich um die Abwicklung eines Förderprogramms für das Bundesministerium für Arbeit und Soziales kümmert. Die letztendliche Entscheidung über Förderanträge bleibt den staatlichen Stellen vorbehalten, aber die Beratung von Antragstellern, die Vorbereitung der Anträge und die Vorauswahl liegen in den Händen der Verbandskollegen. Ähnliches gibt es oft auch auf Landesebene.

Andere Förderprogramme werden von externen Dienstleistern betreut, z. B. dem Projektträger Jülich, der PricewaterhouseCoopers AG, der KfW-Bankengruppe oder dem Projektträger im Deutschen Zentrum für Luft und Raumfahrt.

Die öffentliche Hand hat die Vorgabe, Fördermittel transparent auszuschreiben. Die notwendigen Dokumente und Formulare sind inzwischen flächendeckend online verfügbar oder können per E-Mail angefordert werden. Den besten Überblick über alle Förderprogramme auf Bundes- und Landesebene bietet unter der Adresse www.foerderdatenbank.de die Förderdatenbank des Wirtschaftsministeriums. Dort hat man den Anspruch, Informationen zu allen öffentlichen Förderprogrammen vorzuhalten. Im Schnitt finden Sie dort etwa 1.600 Programme. Leider werden die kommunalen und regionalen Förderausschreibungen dort nicht berücksichtigt. Diese müssen Sie selbst im Internet recherchieren.

Noch mehr im Angebot: öffentliche Fonds, Stiftungen und Preise

Zuschüsse der Verwaltung und der Entscheidungsgremien sind bei Weitem nicht die einzige Förderquelle. Die öffentliche Hand bedient sich einer Vielzahl weiterer Institutionen.

Stiftungen

Das Instrument der Stiftung hat für staatliche Stellen eine lange Tradition. Die Heiliggeistspital-Stiftung als älteste Stiftung in München wurde bereits 1208 von wohlhabenden Bürgerinnen und Bürgern für Menschen in sozialen Notlagen gegründet und besteht bis heute. Stiftungen bieten bei einer ausreichenden Kapitalausstattung die Möglichkeit, wichtige Themen unabhängig von der jeweiligen Haushaltslage kontinuierlich zu fördern.

Laut dem Verzeichnis Deutscher Stiftungen des Bundesverbands Deutscher Stiftungen für das Jahr 2010 gibt es fast 1.600 Stiftungen bürgerlichen Rechts, die mit Beteiligung von juristischen Personen öffentlichen Rechts gegründet wurden. Öffentliche Stiftungen finden sich auf allen staatlichen Ebenen – von der Kommune über die Regionen und Länder bis zum Bund und sogar der Europäischen Union.

Die größten öffentlichen Stiftungen in Deutschland nach Gesamtausgaben laut Bundesverband Deutscher Stiftungen 2010:

- Alexander von Humboldt-Stiftung 75,5 Mio. Euro
- Studienstiftung des deutschen Volkes 62,7 Mio. Euro
- Deutsche Bundesstiftung Umwelt 60,3 Mio. Euro
- Baden-Württemberg Stiftung gGmbH 50,2 Mio. Euro
- Stiftung Warentest 49,2 Mio. Euro
- Kulturstiftung des Bundes 35,0 Mio. Euro

Stiftungen der öffentlichen Hand

Bei der Suche nach Fördermitteln sollten wir zwei Gruppen von öffentlichen Stiftungen unterscheiden:

- Öffentliche Trägerstiftungen

  Viele Stiftungen fungieren als Träger von öffentlichen Einrichtungen wie z. B. Museen, künstlerischen Ensembles, Erinnerungsstätten und Denkmälern. Ihre Aufgabe ist der Erhalt und die Verwaltung der jeweiligen Einrichtung. Eine Förderung von externen Aktivitäten ist in der Regel ausgeschlossen und so können wir sie bei unserer Fördermittelrecherche gleich ausschließen.

- Öffentliche Förderstiftungen

  Bei diesen Stiftungen sind wir mit unseren Förderanfragen genau richtig. Egal, ob es die Bundesstiftung Erinnerung, Verantwortung und Zukunft (evz), die Landesstiftung Umwelt und Entwicklung Nordrhein-Westfalen oder die Bayrische Stiftung Hospiz ist: Sie alle haben fortlaufende Förderprogramme, bei denen sich externe Projektträger bewerben können. Auf die Einzelheiten der Stiftungsförderung gehe ich im Kapitel 6 ein.

Öffentliche Förderfonds

Neben den Stiftungen nutzen öffentliche Institutionen auch andere Rechtsträger, z. B. Förderfonds. Die Funktionsweise ist meist wie bei den Förderstiftungen. Außerhalb des normalen Haushalts werden Gelder für bestimmte Themen reserviert. Allerdings lassen sich die Fonds nicht über die bekannten Stiftungsverzeichnisse recherchieren.

Beispiele für öffentliche Förderfonds:

- Fonds Soziokultur und Fonds Darstellende Künste des Bundesbeauftragten für Kultur und Medien
- Kulturfonds Bayern
- Gemeinschaftsaktion „*SpielRäume schaffen*" der Stadt Bremen und des Kinderhilfswerks
- Förderfonds Bürgerengagement der Stadt Wolfsburg
- Förderfonds der Metropolregion Hamburg

Wettbewerbe und Preise

Die Beteiligung an öffentlichen Wettbewerben ist eine weitere Möglichkeit, in den Genuss von öffentlichen Mitteln zu kommen, wenn es sich dabei auch nicht um Fördermittel im engeren Sinn handelt. Wenn die Preisgelder auch sehr unterschiedlich ausfallen und manchmal eher symbolischen Charakter haben, ist die kostenlose Öffentlichkeitsarbeit für Ihre Institution und deren Aktivitäten Gold wert. Als „ausgezeichnetes Projekt" fällt es meist deutlich leichter, weitere Förderer zu gewinnen.

Beispiele für öffentliche Förderpreise:

- Deutscher Engagementpreis des Bundesministeriums für Familien, Senioren, Frauen und Jugend
- Deutscher Bürgerpreis
- Deutscher Weiterbildungspreis des Haus der Technik e. V., Essen
- Münchner Schulwettbewerb zur Stadtentwicklung
- LUX.US Lichtkunstpreis der Stadtwerke Lüdenscheid

Kooperation mit den Sozialversicherungsträgern

Als letzten Bereich der öffentlichen Hand möchte ich noch auf die Sozialversicherungsträger hinweisen, wie Kranken- und Pflegeversicherungen, Berufsgenossenschaften, die Agenturen für Arbeit und die Rentenversicherungen. Wenn Sie Ziele verfolgen, die von hohem Interesse für diese Träger sind, wie z. B. Bekämpfung der beruflichen Erkrankungen, berufliche Qualifizierung oder Verbesserung der gesundheitlichen Versorgung, ist es häufig möglich, hier Unterstützung in Form von Beratung, Beteiligung oder finanziellen Zuschüssen zu erhalten. Sozialversicherungsträger haben meist die Möglichkeit, fünf bis zehn Prozent ihres Budgets für Maßnahmen außerhalb der Regelfinanzierung zu nutzen.

Keine Angst vor den rechtlichen Rahmenbedingungen

Freuen Sie sich schon darauf, Ihre nächste Steuererklärung zu machen? Lieben Sie es, sich durch die 30 Seiten Nebenbedingungen in einer öffentlichen Ausschreibung zu wühlen? Haben Sie die Gesetzestexte zum öffentlichen Recht als Gute-Nacht-Lektüre jederzeit griffbereit auf Ihrem Nachtkästchen? Am Ende haben Sie vielleicht eine Ausbildung zum Verwaltungsfachwirt abgeschlossen? Wenn ja, können Sie den nächsten Abschnitt getrost überspringen, Sie wissen bereits viel mehr, als für die Nutzung von Fördermittel notwendig ist.

Alle anderen kann ich beruhigen. Sie benötigen kein Jura- und Verwaltungsstudium, um erfolgreich öffentliche Fördermittel zu nutzen. Natürlich sind die öffentlichen Verwaltungs- und Vergabeprozesse durch einen Wust von Vorschriften und Gesetzen definiert – die müssen Sie aber nicht alle kennen und verstehen.

An den Anfang stelle ich erst mal die Definition der Zuwendung als Form der öffentlichen Förderung:

Eine Zuwendung ist eine freiwillige Leistung der öffentlichen Hand an Stellen außerhalb der staatlichen Institutionen zur Erfüllung von Aufgaben, an denen die öffentliche Hand erhebliches Interesse hat. Der Zuwendungsempfänger hat sich bei der Nutzung dieser Mittel den Bedingungen des Staates zu unterwerfen.

Neun rechtliche Vorgaben, die Sie kennen müssen

- Subsidiarität der öffentlichen Mittel: Es darf nur gefördert werden, wenn keine ausreichenden privaten Mittel zur Verfügung stehen.
- Wirtschaftlichkeit: Die Kosten müssen innerhalb fachspezifischer Referenzrahmen, z. B. Vergütung nach TVÖD, liegen. Größere Dienstleistungspakete müssen öffentlich ausgeschrieben werden.
- Zweckbindung: Der Zuschuss darf nicht zur Finanzierung von anderen Aktivitäten des Projektträgers genutzt werden.
- Verwendungsnachweis: Alle Kosten müssen einzeln durch rechtsgültige Rechnungen, Verträge, etc. nachgewiesen werden.
- Prüfungsrecht: Der Projektträger muss einer externen Überprüfung, z. B. durch die Rechnungshöfe, zustimmen.
- Einseitige freiwillige Leistung: Es besteht kein Rechtsanspruch auf eine Förderung.
- Beschränkung der zuwendungsfähigen Kosten: Bestimmte Kosten, wie z. B. Zinsen für die Vorfinanzierung, sind von einer Zuwendung ausgeschlossen.
- Der Förderanteil an einer Maßnahme kann durch die Größe der beantragenden Organisation beschränkt werden; z. B. sind die Förderhöchstsätze bei Organisationen, die die KMU-Definition erfüllen, höher als die von größeren Organisationen.
- Keine Wettbewerbsverzerrung: Das europäische Beihilferecht verbietet grundsätzlich alle Förderungen, die zu einer Wettbewerbsverzerrung führen können. Dies kann in all den Feldern sozialer und kultureller Arbeit zu Konflikten führen, in denen marktähnliche Verhältnisse herrschen.

Wenn Sie bei rechtlichen Fragen unsicher sind, fragen Sie gezielt bei der öffentlichen Hand nach!

Wenn Sie im Rahmen einer Ausschreibung bestimmte Texte nicht verstehen, fragen Sie zuerst bei der koordinierenden Förderstelle nach. Ich habe diese immer als sehr hilfsbereit erlebt. Nicht selten verstehen selbst die Experten dort nicht alle Feinheiten und müssen bestimmte Details erst selbst recherchieren. Ansonsten kooperiert Ihre Organisation wahrscheinlich mit einem Rechtsanwalt, von dem man sich Unterstützung holen kann.

Nicht ohne Nebenwirkungen

Ein Nachteil einer staatlichen Förderung liegt in den oft langsamen und bürokratischen Bewilligungswegen. Zu beachten ist, dass sich der Liquiditätsfluss auch nach der Bewilligung noch stark verzögern kann. Das macht bei größeren Projekten nicht selten eine Zwischenfinanzierung notwendig. Weiter ist zu beachten, dass meist nur gemeinnützige juristische Personen förderfähig sind. Falls man diesen Status nicht hat, ist ggf. die Kooperation mit einer solchen bereits bestehenden Institution anzustreben.

> Bei staatlicher Förderung fließen die Gelder oft nur langsam!

Hand in Hand mit der öffentlichen Hand

Ohne Lobbyarbeit spielen Sie nur in der zweiten Liga

Die Förderung der öffentlichen Hand sieht keineswegs so aus, dass allwissende und unbeeinflusste Verwaltungsmitarbeiter Fördermittel allein nach den Grundsätzen der Gleichheit und Gerechtigkeit an alle gemeinnützigen Träger gleichermaßen ausschütten.

Angesichts der schwierigen Haushaltslage ist intensive Öffentlichkeits-, Netzwerk- und Überzeugungsarbeit die Voraussetzung dafür, dass sich die öffentliche Hand nicht aus ihrer Verantwortung schleicht. Grundsätzlich bestehen gute Fördermöglichkeiten, wenn Ihr Projekt mit den politischen Zielvorgaben der verschiedenen staatlichen Institutionen übereinstimmt.

Je nach Vernetzungsgrad des Projektträges ergeben sich gute Möglichkeiten, durch Lobbyarbeit die Aufmerksamkeit der Entscheidungsträger auf ein bestimmtes Themengebiet zu lenken. Gerade auf kommunaler Ebene ist es oft möglich, einen direkten Kontakt zu Bürgermeistern und Gemeinderäten aufzubauen. Es ist dabei zu überlegen, ob man mit weiteren Partnern eine größere Wirkung erzielen kann. Auf Landes- und Bundesebene ist die Lobbyarbeit meist Aufgabe spezialisierter Verbandsmitarbeiter, die aber von der Basis entsprechend motiviert und informiert werden müssen. Das ist vor allem eine Aufgabe für die Führungskräfte. Natürlich macht es einen anderen Eindruck, wenn beispielsweise der Bezirkspräsident nicht von Referent XY, sondern vom

Geschäftsführer oder Vorstand persönlich angesprochen wird, den er vielleicht noch aus der gemeinsamen Schulzeit kennt.

Bevorstehende Wahltermine und die Verabschiedung von neuen Regierungsprogrammen sind gute Zeitpunkte, aktiv zu werden. Je näher die eigenen Aktivitäten der aktuellen politischen Diskussion sind (z. B. Verbesserung der Bildung, neue Angebote der Kinderbetreuung, Gewaltprävention an Schulen), desto größer sind die Chancen, die Aufmerksamkeit der Entscheidungsträger zu gewinnen.

Werden Sie fester Partner der öffentlichen Hand

Netzwerkarbeit hat nichts Anrüchiges oder Verwerfliches. In vielen Bereichen hat die öffentliche Hand weder das Wissen noch das praktische Know-how, um ihre Ziele optimal durch Fördermaßnahmen zu erreichen.

Geht es z. B. um Qualifizierungsmaßnahmen für besonders benachteiligte Jugendlichen mit Migrationshintergrund, um den Aufbau von regionalen ehrenamtlichen Strukturen oder die gesundheitliche Förderung von älteren Pflegekräften, sind die öffentlichen Institutionen darauf angewiesen, von den Profis konkrete Vorschläge für Förderprogramme zu erhalten. Und solche Profis sind natürlich die erfahrenen gemeinnützigen Träger. Dabei ist es völlig natürlich, dass die öffentlichen Institutionen auf Träger zurückgreifen, die sie kennen und mit denen sie in der Vergangenheit gute Erfahrungen gemacht haben.

Die öffentliche Hand als Türöffner

Eine Unterstützung durch staatliche Stelle kann oft auch entscheidend zur Erschließung anderer Förderquellen beitragen:

- Viele private Förderinstitutionen verlangen Belege dafür, dass der Bedarf an Ihrem Projekt von öffentlicher Seite bestätigt wird, z. B. in Form von Empfehlungsschreiben.
- Manchmal muss man auch nachweisen, dass ein Projekt nicht öffentlich gefördert wird, weil z. B. keine ausreichenden Haushaltsmittel vorhanden sind.
- Die öffentliche Hand hat direkten und indirekten Einfluss auf das Förderverhalten von weiteren Förderinstitutionen wie z. B. Sparkassen, Lottogesellschaften der Länder oder Gemeinde- und Stadtwerke.

Die öffentliche Hand ist immer der erste Ansprechpartner für gemeinnützige Projekte!

Bei unserer Beratungsarbeit für gemeinnützige Organisationen bestätigt sich immer wieder, dass die Träger und Verbände, die bewusst die notwendige Zeit in das Networking mit öffentlichen Institutionen investieren, mittel- und langfristig überproportional von öffentlichen Zuwendungen profitieren.

Praxisaufgabe

Kennen Sie Ihre verbandeigenen Ansprechpartner für die Netzwerkarbeit mit der öffentlichen Hand?

Welche Bereiche der Wirtschaftsförderung haben Überschneidungen mit Ihren Aktivitäten?

Welche Kontakte zur öffentlichen Hand nutzen Sie bereits für die Gewinnung von Fördermitteln und wo sehen Sie noch Entwicklungspotenzial?

Warum sollten Sie bei Ihren Überlegungen zu Förderprojekten immer die öffentliche Hand berücksichtigen?

Die wichtigsten Informationsquellen zu öffentlichen Förderprogrammen

Den Großteil der öffentlichen Ausschreibungen findet man inzwischen im Internet. Meine erste Anlaufstelle für die Recherche ist die Datenbank der Förderprogramme und Finanzhilfen des Bundes, der Länder und der EU, die vom Bundesministerium für Wirtschaft und Technologie gepflegt wird und die unter der Internetadresse: www.foerderdatenbank.de zu erreichen ist. Auf diesen Seiten lassen sich etwa 1.600 Programme recherchieren, die von 140 Institutionen im Auftrag der öffentlichen Hand vergeben werden.

Webseite der Förderdatenbank des Wirtschaftsministeriums (www.foerderdatenbank.de)

Die Daten sind aktuell gepflegt und über die Detailsuche oder den elektronischen Förderassistenten lassen sich die passenden Programme schnell und einfach selektieren. Zu jedem Förderprogramm gibt es eine Übersicht zu Ziel und Gegenstand der Ausschreibung; Antragsberechtigten; Voraussetzungen; Art und Höhe der Förderung sowie Antragsverfahren. Anhand einer Checkliste kann man überprüfen, ob man alle Bedingungen für eine Antragstellung erfüllt und man findet auch die Richtlinien. Neben den Informationen zu den einzelnen Programmen finden sich auf den Seiten zahlreiche Texte zu übergreifenden Fragestellungen der öffentlichen Förderung. Zu beachten ist, dass sich in dieser Datenbank nur die Programme von EU, Bund und Ländern finden, nicht aber von die von unteren Gebietskörperschaften wie z. B. Bezirken, Landkreisen und Kommunen.

Auch auf Landesebene gibt es öffentliche Förderportale:

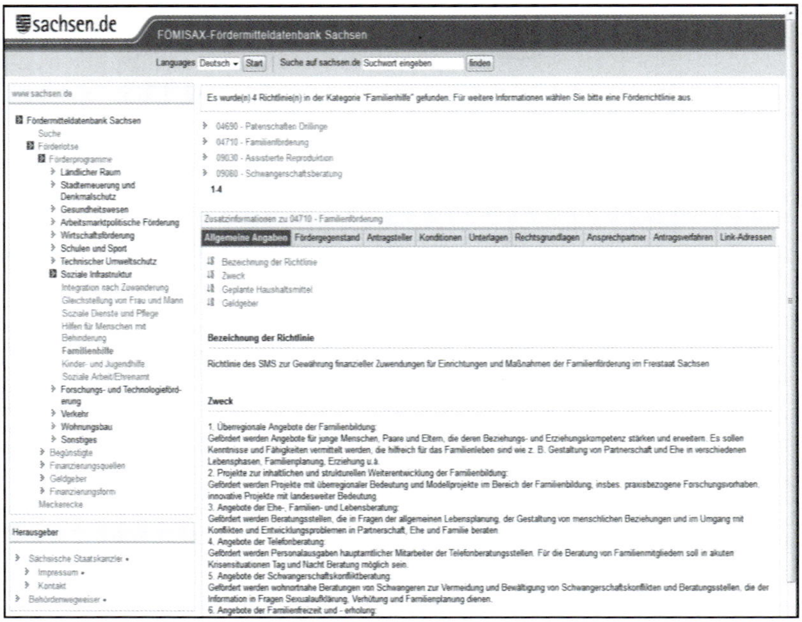

Webseite der Fördermitteldatenbank Sachsen (FÖMISAX) (www.foerderung.sachsen.de)

Webseite der Investitionsbank Schleswig-Holstein (www.ib-sh.de)

Kapitel 6: Förderung durch die Europäische Union

In diesem Kapitel

- Nutzen Sie gut eingespielte Förderstrukturen
- Grundlagen der EU-Förderpolitik
- Europäische Förderstrukturen
- Europa steckt in vielen Aktivitäten
- Strukturierung der Finanzhilfen
- Blick über den Tellerrand – Finanzierung von internationalen Kooperationen mit Aktionsprogrammen
- Außenhilfen und Migration
- Ausblick auf Europa 2020 und die nächste Förderperiode
- Informationsquellen

Um die Finanzierungsmöglichkeiten durch die Europäische Union rankt sich eine Vielzahl von Mythen und Vorurteilen. Einige vermuten in Brüssel einen gefüllten Geldspeicher, zu dem nur Experten mit hervorragenden persönlichen Kontakten Zugang haben, andere glauben, EU-Programme seien nur für Großprojekte relevant, und wieder andere haben sich über das Thema noch gar keine Gedanken gemacht.

Nutzen Sie gut eingespielte Förderstrukturen

In meiner Beratungspraxis für gemeinnützige Träger spielen EU-Fördergelder eine wichtige Rolle. Sie werden es vielleicht nicht glauben, aber die Antragstellung gefällt mir hier mit am besten. Einsteigern ins Thema Fördermittelakquise empfehle ich gern, mit einem kleinen Mobilitätsantrag im Programm *Lebenslanges Lernen* zu starten. Dafür gibt es gute Gründe:

Bei der Europäischen Union geht es um relevante Summen. In der aktuellen Förderperiode 2007–2013 stehen insgesamt 975 Mrd. Euro an Fördergeldern zur Verfügung. Auch wenn für Non-Profit-Organisationen in Deutschland nur ein Bruchteil davon relevant ist, können schon kleinere Projekte mehrere tausend Euro erhalten.

Die Antragsverfahren sind transparent, insbesondere bei den internationalen Aktionsprogrammen und den Strukturfonds, welche auf Bundesebene verwaltet werden. Alle Ausschreibungsunterlagen, Termine und Auswahlkriterien finden Sie im Internet. Nach der Auswahl der Projekte erhalten Sie ein differenziertes Feedback zu ihrem Antrag.

Fast immer können Sie bei der Antragstellung auf einen sehr guten Beratungsservice der Verwaltungsstellen zurückgreifen. Es gibt eine Tendenz zur Finanzierung über Pauschalen. Das vereinfacht das Aufstellen von Budgetplänen und reduziert den bürokratischen Aufwand bei der Abrechnung. Die Programme haben meist lange Laufzeiten. Sie haben die Chance, sich häufiger zu bewerben und Ihre Erfahrungen mit bestimmten Programmen immer wieder zu nutzen.

Grundlagen der EU-Förderpolitik

Bevor wir in die Details der Fördermöglichkeiten einsteigen, ist es wichtig, die politischen Grundlagen der EU-Förderung zu verstehen. Grundsätzlich darf die Europäische Union nur in den Bereichen Fördermittel vergeben, in denen sie auch politische Kompetenzen hat. Diese Kompetenzen sind auf einige wenige Sektoren begrenzt. Um das zu verstehen, muss man sich die historische Entwicklung der EU genauer ansehen.

Eine etwas einseitige Perspektive: Wirtschafts- und Agrarunion

Die Europäische Gemeinschaft wurde als Wirtschafts- und Agrarunion gegründet und diese grundsätzliche Ausrichtung gilt bis heute. Das hat dazu geführt dass heute in den Feldern Landwirtschaft, Wirtschafts- und Strukturförderung, Wettbewerb sowie Binnen- und Außenhandel die politischen Grundlinien ausschließlich auf europäischer Ebene bestimmt werden. Die Mitgliedsstaaten haben hier bewusst auf ihre eigenen politischen Kompetenzen verzichtet.

In allen anderen Politikfeldern liegen die grundlegenden Kompetenzen weiter bei den Mitgliedsstaaten. Das betrifft auf den ersten Blick auch Bereiche wie Bildung, Familie, Kultur, Gesundheit und Soziales, in denen sich Non-Profit-Organisationen engagieren. Hier sollen sich die EU-Förderprogramme auf die Koordinierung und Zusammenarbeit zwischen den Staaten und Regionen beschränken.

Es gab immer wieder Initiativen, der Europäischen Union Kompetenzen auch im Sozialbereich zu übertragen, aber insbesondere Länder mit einem sehr gut ausgebauten Sozialsystem haben diese blockiert, da sie nicht zu unrecht befürchteten, dass eine europäischen Angleichung der Sozialstandards für sie eine Senkung und Verschlechterung des Versorgungsniveaus bedeuten könnte. Wie weit die Vorstellungen hier auseinandergehen, kann man z. B. daran sehen, dass es noch nicht einmal gelungen ist, Mindeststandards für die maximal erlaubte Arbeitszeit zu vereinbaren.

Aktuelle Ziele und strategische Schwerpunkte der europäischen Politik:

Im Vertrag zur Europäischen Union sind die Ziele u. a. im Artikel 3 (2 und 3) wie folgt definiert:

Art. 3 (2): *„Die Union bietet ihren Bürgerinnen und Bürgern einen Raum der Freiheit, der Sicherheit und des Rechts ohne Binnengrenzen, in dem (...) der freie Personenverkehr gewährleistet ist."*

Art. 3 (3): *„Die Union errichtet einen Binnenmarkt. Sie wirkt auf die nachhaltige Entwicklung Europas auf der Grundlage eines ausgewogenen Wirtschaftswachstums und von Preisstabilität, eine in hohem Maße wettbewerbsfähige soziale Marktwirtschaft, die auf Vollbeschäftigung und sozialen Fortschritt abzielt, sowie ein hohes Maß an Umweltschutz und Verbesserung der Umweltqualität hin. Sie fördert den wissenschaftlichen und technischen Fortschritt.*

Sie bekämpft soziale Ausgrenzung und Diskriminierungen und fördert soziale Gerechtigkeit und sozialen Schutz, die Gleichstellung von Frauen und Männern, die Solidarität zwischen den Generationen und den Schutz der Rechte des Kindes.

Sie fördert den wirtschaftlichen, sozialen und territorialen Zusammenhalt und die Solidarität zwischen den Mitgliedstaaten.

Sie wahrt den Reichtum ihrer kulturellen und sprachlichen Vielfalt und sorgt für den Schutz und die Entwicklung des kulturellen Erbes Europas."

Diesen Zielen entsprechen fünf übergreifende strategische Politikfelder:

- Wettbewerbsfähigkeit für Wachstum und Beschäftigung
(Forschung und Innovation, Bildung und Ausbildung, EU-Netze, Arbeitsmarktpolitik, Binnenmarkt)
- Kohäsion für Wachstum und Beschäftigung
(Förderung der Konvergenz zwischen den am wenigsten entwickelten Mitgliedsstaaten und Regionen, nachhaltige Entwicklung in allen Regionen und Unterstützung der regionenübergreifenden Zusammenarbeit)
- Erhaltung und Bewirtschaftung der natürlichen Ressourcen
(Gemeinsame Agrar- und Fischereipolitik, Entwicklung des ländlichen Raums und Umweltschutz)
- Unionsbürgerschaft, Freiheit, Sicherheit und Recht
(Justiz und Inneres, Grenzschutz, Einwanderungs- und Asylpolitik, öffentliche Gesundheit und Verbraucherschutz, Kultur-, Jugend- und Informationspolitik sowie Dialog mit den Bürgern)
- Die Europäische Union als globaler Akteur
(Außenmaßnahmen einschließlich der Heranführungshilfen)

Europa steckt in vielen Aktivitäten

Angesichts dieser Übersicht fragen Sie sich nun vielleicht, was das mit Ihren Aktivitäten als Non-Profit-Organisation zu tun hat? Die Antwort darauf ist, dass Sie in unserem hochgradig vernetzten Gesellschafts- und Wirtschaftssystem Berührungspunkte mit vielen dieser Politikfelder haben. Eine strikte Trennung zwischen Profit und Non-Profit, zwischen lokalen, regionalen, nationalen und globalen Aktivitäten, zwischen Kompetenzen der Kommunen, Länder und der Europäischen Union ist nur noch auf dem Papier möglich.

Das wird am besten deutlich, wenn wir uns ein Beispiel aus der Praxis ansehen: Nehmen wir den kommunalen Kindergarten eines gemeinnützigen Trägers. Neben den Beiträgen der Eltern ist die Finanzierung grundsätzlich Aufgabe der Kommune. Der rechtliche Rahmen wird zusätzlich durch die Gesetzgebung des entsprechenden Bundeslandes definiert. Der Europäischen Union ist es ausdrücklich verboten, sich durch regulative oder finanzielle Eingriffe in diese Beziehungen einzumischen.

Die Situation ändert sich aber, wenn der Kindergarten eine der folgenden Aktivitäten aufbauen möchte. Dann bewegt er sich mit einem Schlag in Bereichen, welche die EU mit Fördermitteln unterstützen darf; man sagt dann, das Projekt hat eine „europäische Dimension“:

- Die Einrichtung beteiligt sich an einem Pilotprojekt zur Gesundheitsprävention für ältere Mitarbeiterinnen (Arbeitsmarktpolitik, Forschung und Innovation, Bildung)
- Durch ein beispielhaftes neues Konzept mit anderen Trägern sollen Jugendliche für die Ausbildung als Erzieherin geworben werden, um dem sektorspezifischen Arbeitskräftenotstand zu begegnen (Arbeitsmarktpolitik, Bildung)
- Für einen sozial benachteiligten Jugendlichen wird ein neuer Ausbildungsplatz geschaffen (Arbeitsmarktpolitik, Bildung)
- Das pädagogische Personal will sich durch eine Hospitation in Italien bzgl. integrativer Betreuungsformen weiterqualifizieren (Bildung, Arbeitsmarktpolitik, transnationale Zusammenarbeit)
- Ein Freiwilliger aus Schweden möchte für sechs Monate mitarbeiten (Bildung, Jugendpolitik, transnationale Zusammenarbeit)
- Im Rahmen einer Städtepartnerschaft mit einer polnischen Gemeinde treffen sich Kinder, Eltern und Erzieher aus beiden Ländern zu einem gemeinsamen Sommerfest (Europäische Bürgerschaft, Transnationale Zusammenarbeit)

Europäische Förderstrukturen

Ähnlich wie in den Bundes- und Landesministerien sind auch die fachlichen Kompetenzen der Europäischen Union in Abteilungen aufgegliedert. Diese heißen Generaldirektionen (GD) und sind nach den 32 Politikfeldern gegliedert. An deren Spitze steht jeweils einer von 27 Kommissaren. (Weitere Informationen unter: http://europa.eu/pol/index_de.htm)

Natürlich sind nicht alle Politikfelder für die Aktivitäten von gemeinnützigen Organisationen relevant. Die folgende Übersicht stellt die Politikbereiche vor, bei denen es sich lohnt, einmal genauer hinzusehen.

- Kultur, Bildung und Jugend (Audiovisuelles und Medien, Kultur, Aus- und Weiterbildung, Sport, Jugend)
- Beschäftigung und Soziales (Beschäftigung, soziale Angelegenheiten und Chancengleichheit)
- Umwelt, Verbraucher und Gesundheit
- Außenbeziehungen (Entwicklung, Erweiterung, Zusammenarbeit, humanitäre Hilfe, Menschenrechte)
- Justiz und Bürgerrechte
- Regionen und lokale Entwicklung
- Wissenschaft und Technologie
- Landwirtschaft, Fischerei und Lebensmittelsicherheit (Insbesondere die Entwicklung des ländlichen Raums)
- Klimaschutz

Spannend daran ist, dass jeder dieser Politikbereiche über eigene Förderinstrumente bestimmen kann.

Jeder EU-Politikbereich
hat eigene Förderinstrumente.

Siebenjahrespläne – die europäischen Förderperioden

Die grundlegende Förderpolitik der EU wird in Siebenjahreszeiträumen festgelegt. Aktuell befinden wir uns in der Förderperiode 2007 bis 2013, die nächste dauert von 2014 bis 2020. Für die Förderperioden werden jeweils die insgesamt verfügbaren Haushaltsmittel, die globalen Ziele und die Verteilung auf die verschiedenen Politikbereiche definiert.

Der große Vorteil der siebenjährigen Förderperiode ist aus meiner Sicht die hohe Transparenz und die Planbarkeit. Die Generaldirektionen veröffentlichen die Schwerpunkte ihrer Förderung für die nächsten Jahre und für viele Themen gibt es während der gesamten Laufzeit wiederholte Antragsmöglichkeiten.

> Die EU-Förderung ist meist sehr transparent und gut planbar.

Auf der Ebene der Generaldirektionen werden für jede Förderperiode Ziele definiert und entsprechend der verfügbaren Mittel Rahmenbedingungen für Förderprogramme ausgearbeitet. Die Mittel sind dabei sehr unterschiedlich verteilt:

Aktionsprogramm für lebenslanges Lernen	6.900 Mio. Euro
Europäischer Sozialfonds	78.700 Mio. Euro
Europäischer Fonds für die Integration von Drittstaatsangehörigen	820 Mio. Euro
Europäischer Flüchtlingsfonds	628 Mio. Euro
Aktionsprogramm Jugend in Aktion	885 Mio. Euro
Aktionsprogramm Europa für Bürgerinnen und Bürger	215 Mio. Euro
Entwicklung des ländlichen Raums	91.900 Mio. Euro
Siebtes Rahmenprogramm für Forschung	54.500 Mio. Euro

EU-Fördermittel in der Finanzierungsperiode 2007–2013 (Auswahl)

An dieser Stelle sollte man noch ein paar falsche Vorstellungen über den EU-Haushalt ausräumen.

> Über den EU-Haushalt kursieren viele Mythen!

- *Das meiste Geld verschlingt die Verwaltung* – Die Verwaltung hat nur einen Anteil von sieben Prozent an den Gesamtausgaben
- *Die EU hat einen Mammuthaushalt* – Das Gesamtvolumen entspricht nur etwa 2,2 Prozent der Summe der öffentlichen Haushalte oder 1,0 Prozent des Bruttoinlandsprodukts der Mitgliedsstaaten.

- *Das meiste Geld geht an die Bauern* – Der Anteil der Fördermittel für die Landwirtschaft ist von 70 Prozent im Jahr 1985 auf inzwischen 30 Prozent gesunken.
- *Die meisten Gelder werden durch Betrug veruntreut* – Bei Überprüfungen durch den Rechnungshof und die Antibetrugsbehörde gibt es einen Betrugsverdacht bei nur 0,2 Prozent der Haushaltsmittel.

Gegenstand der Förderung

Die Förderprogramme der Europäischen Union werden „Finanzhilfen" bzw. auf Englisch „Grants" genannt. Sie dienen der Kofinanzierung von zielgerichteten Projekten und Maßnahmen. Man unterscheidet:

- *Finanzhilfen für Maßnahmen* unterstützen Projekte, die den Zielen der EU-Programme entsprechen.
- *Betriebskostenzuschüsse* gehen an Institutionen die Ziele verfolgen, die von allgemeinen europäischen Interesse oder Teil der Politik der EU sind.

Grundsätze für die Vergabe

Die Vergabe der Grants ist an folgende Grundsätze gebunden:

- Sie sind immer eine Form der komplementären Finanzierung – es sind immer Eigenmittel oder Zuschüsse weiterer Institutionen notwendig
- Sie sind immer zeitlich begrenzt – die maximale Förderdauer beträgt meist zwei Jahre
- Sie dienen der Kostendeckung und im Regelfall dürfen keine Gewinne erwirtschaftet werden
- Sie dürfen nicht rückwirkend gewährt werden
- Für die gleiche Maßnahme dürfen nicht verschiedene EU-Finanzhilfen kombiniert werden.

Ein weiterer Mythos über EU-Mittel ist der Glaube, dass diese vor allem in Brüssel oder Straßburg vergeben werden müssen. In der Realität werden aber 76 Prozent aller Finanzhilfen über die nationalen und regionalen Behörden der Mitgliedsstaaten verwaltet. Dahinter steht die Erfahrung, dass diese meist viel besser auf die Bedingungen vor Ort eingehen können.

Ein Großteil aller EU-Mittel wird auf nationaler oder regionaler Ebene der Mitgliedsstaaten vergeben!

Die EU möchte die Mittelvergabe so offen und transparent wie möglich gestalten. Aus diesem Grund werden zu allen Förderbereichen Verzeichnisse der Begünstigten veröffentlicht. So können Sie direkt sehen, welche Ihrer Partner (oder Wettbewerber) in welcher Höhe von EU-Finanzhilfen profitieren!

Strukturierung der Finanzhilfen

Nach ihrer Funktionsweise, den Zielgruppen und den Projektinhalten lassen sich die Grants in drei große Gruppen einteilen, die wir in den nachfolgenden Abschnitten genauer ansehen werden:

- Strukturfonds – sie dienen Strukturprojekten in den Mitgliedsstaaten
- Aktionsprogramme – sie dienen gemeinsamen Projekten von Beteiligten aus verschiedenen Mitgliedsstaaten
- Außenhilfen und Migration – konzentrieren sich auf die Entwicklungszusammenarbeit, Projekte mit Nachbarstaaten, Sicherung der Außengrenzen und Koordinierung der europäischen Flüchtlings- und Asylpolitik

Strukturfonds – die Förderung von Aktivitäten in Deutschland

Mit den Strukturfonds sollen benachteiligte Regionen und soziale Gruppen gezielt gefördert werden. Schwerpunkte dabei sind die Wirtschafts-, Struktur-, Arbeitsmarkt-, Berufs-, Bildungs- und Sozialpolitik.

Für die Verteilung der Mittel wird das Bruttoinlandsprodukt (BIP) pro Einwohner herangezogen. Der Schwerpunkt liegt auf Regionen, die unter 75 Prozent des europäischen Durchschnitts liegen. Auf europäischer Ebene sind das vor allem die neuen ost- und südeuropäischen Beitrittsstaaten. In Deutschland liegen die primären Förderregionen in den neuen Bundesländern, mit einer einzigen Ausnahme im Westen, der Lüneburger Heide. Aber auch besser entwickelte Regionen können in geringerem Umfang Strukturfondsgelder nutzen.

Drei Strukturfonds sind für unsere Arbeit besonders wichtig:

- Der Europäische Sozialfonds (ESF) als Instrument der Qualifizierungs- und Arbeitsmarktpolitik
- Der Europäische Fonds für regionale Entwicklung (EFRE) als Instrument der Strukturpolitik und der grenzüberschreitenden Zusammenarbeit
- Der Europäische Landwirtschaftsfonds für die Entwicklung des ländlichen Raums (ELER)

Was ist sozial am Europäischen Sozialfonds?

Aus der Perspektive der Wirtschaftsunion ist sozial vor allem das, was es Bürgern in den Mitgliedsstaaten ermöglicht, ihren Lebensunterhalt durch Arbeit zu bestreiten. Das Ziel der ESF-Finanzierung ist die Schaffung neuer und qualitativ besserer Arbeitsplätze in der EU, was durch eine Kofinanzierung nationaler, regionaler und lokaler Projekte erfolgt, die auf die Erhöhung der Beschäftigungsquote und die Verbesserung der Arbeitsplatzqualität abzielen.

Sozial für die EU ist, was es den Bürgern ermöglicht, ihren Lebensunterhalt durch Arbeit zu bestreiten.

Für Deutschland stehen in der aktuellen Förderperiode etwa 16 Mrd. Euro für ESF-Maßnahmen zur Verfügung. 40 Prozent davon entfallen auf die Programme des Bundes und 60 Prozent auf die Programme der Länder. Ein Drittel steht für die neuen Bundesländer und die Region Lüneburg zur Verfügung, zwei Drittel für das restliche Bundesgebiet.

Die zentrale Informationsquelle für die ESF-Programme ist das Portal www.esf.de. Dort finden sich knapp 60 Bundesprogramme, die von verschiedenen Bundesministerien ausgeschrieben werden. Die Vergabe auf Landesebene ist in unserer föderalistischen Tradition sehr unterschiedlich geregelt. In Bayern erfolgt die Vergabe über spezifische Ansprechpartner in den Ministerien, in Baden-Württemberg gibt es zentrale und dezentrale Vergabestellen und in Niedersachsen erfolgt die Ausschreibung über die Landesbank.

Bei den Bundesprogrammen gibt es vier Schwerpunkte.

- Beschäftigung, Unternehmens- und Existenzgründung mit dem Ziel der Steigerung der Anpassungs- und Wettbewerbsfähigkeit
- Weiterbildung und Qualifizierung mit dem Ziel, Weiterbildungs- und Anreizsysteme zu reformieren
- Beschäftigung und soziale Integration durch Programme für Zielgruppen wie Frauen, Langzeitarbeitslose, Migranten und benachteiligte Jugendliche
- Transnationale Maßnahmen sowie internationale Modellprojekte, um gegenseitig voneinander zu lernen

Europäischer Fonds für regionale Entwicklung (EFRE) – Investitionen in Strukturen

Der EFRE spielt in Deutschland trotz seines beachtlichen Gesamtbudgets von 26,3 Mrd. Euro für gemeinnützige Organisationen im Vergleich zum ESF eine eher untergeordnete Rolle. Das liegt an seinen inhaltlichen Schwerpunkten, wie direkten Investitionshilfen für Unternehmen (besonders KMU) zur Schaffung von dauerhafter Beschäftigung sowie Infrastrukturhilfen, insbesondere im Zusammenhang mit Forschung und Innovation, Telekommunikation, Umwelt, Energie und Transport. Zusätzlich gibt es spezielle Finanzierungsinstrumente (Risikokapitalanlage, Fonds für regionale Entwicklung u. a.) zur Unterstützung der regionalen und lokalen Entwicklung und zur Förderung der Zusammenarbeit zwischen Städten und Regionen.

Interessant wird der EFRE aber für gemeinnützige Organisationen in Grenzregionen zu anderen EU-Mitgliedsstaaten, die mit ihren Aktivitäten bewusst diese Grenzen überschreiten möchten. Entsprechende Programme laufen unter dem Namen *INTEREG*. Der EFRE hat in vielen Regionen beispielsweise die Vernetzung des grenzüberschreitenden Rettungswesens und des Katastrophenschutzes unterstützt sowie Modellprojekte zur grenzüberschreitenden Kooperation in der Pflegeausbildung.

Der EFRE ist vor allem für gemeinnützige Organisationen in Grenzregionen interessant.

Die Verwaltung und Vergabe des EFRE erfolgt durch die Verwaltungsorgane der Bundesländer und des Bundes.

Der Europäische Landwirtschaftsfonds für die Entwicklung des ländlichen Raums (ELER)

Gerade im Bereich der Werkstätten für Menschen mit Behinderungen betreiben zahlreiche gemeinnützige Träger landwirtschaftliche Aktivitäten und kennen meist gut die entsprechenden Agrarprogramme. Dabei wird schnell übersehen, dass ein Viertel der Fördermittel des ELER nicht für die Landwirtschaft, sondern für die Entwicklung des ländlichen Raums reserviert ist. Davon können viele Träger in solchen Regionen profitieren.

Für Träger im ländlichen Raum kann die Förderung durch den ELER interessant sein!

Das wichtigste Einzelprogramm in diesem Bereich ist das Programm *LEADER*. Es soll den öffentlichen und privaten Akteuren im ländlichen Raum dabei helfen, den Strukturwandel zu bewältigen und das langfristige Potenzial ihres Gebiets zu entwickeln (weitere Informationen: www.netzwerk-laendlicher-raum.de).

Aktionsprogramme – Förderung von transnationalen Aktivitäten

Bei den Aktionsprogrammen handelt sich in der Regel um sogenannte transnationale Programme und Projekte, d. h. Aktivitäten, bei denen Beteiligte aus mehreren Mitgliedsländern (meist mindestens drei) zusammenarbeiten. Gefördert werden überwiegend europaweiter Erfahrungsaustausch und Know-how-Transfer sowie die gemeinsame Entwicklung neuer Konzepte.

Aktionsprogramme bringen Akteure aus meist mindestens drei Mitgliedsländern zusammen.

Die Ausschreibung und Verwaltung dieser Finanzhilfen erfolgt teils zentral in Brüssel, teils dezentral durch „nationale Agenturen“ in den Mitgliedsstaaten. Die Kofinanzierung erfolgt über Eigen- und Drittmittel.

7. Rahmenprogramm für Forschung

Das größte Aktionsprogramm ist das *7. Rahmenprogramm für Forschung* mit einem Budget von 54,5 Mrd. Euro. Hier gibt es für uns allenfalls Anknüpfungsmöglichkeiten als „Juniorpartner“ in einer größeren Forschungskooperation (siehe auch in Kapitel 3 den Abschnitt: Nicht nur für Wissenschaftler: Forschung und Innovation).

Aktionsprogramm für lebenslanges Lernen

Für die meisten gemeinnützigen Träger ist das *Aktionsprogramm für Lebenslanges Lernen* (PLL) der Einstieg in die EU-Förderung. Dafür stehen in der aktuellen Förderperiode europaweit fast sieben Mrd. Euro zur Verfügung. Ziel ist es, die europäischen Bildungssysteme durch Auslandsaufenthalte möglichst vieler Menschen und durch internationale Kooperationen weiterzuentwickeln. Es gibt vier Unterprogramme. Von dem einen oder anderen haben sich sicher schon gehört:

- *COMENIUS* für die allgemeinbildenden Schulen
- *LEONARDO* DA VINCI für die berufliche Aus- und Weiterbildung
- *ERASMUS* für die Hochschulbildung
- *GRUNDTVIG* für die allgemeine Erwachsenenbildung

Aktionsprogramm JUGEND IN AKTION

An zweiter Stelle der Programme steht insbesondere für Träger der Jugendarbeit das *Aktionsprogramm JUGEND IN AKTION*. Hier werden Jugendprojekte, internationale Jugendtreffen, Bildungsmaßnahmen für Betreuer und der Europäische Freiwilligendienst bezuschusst. Dafür stehen rund 885 Mio. Euro bereit.

Aktionsprogramm Kultur

Das *Aktionsprogramm Kultur* fördert die Mobilität von Kulturakteuren, die Mobilität von kulturellen Werken und den interkulturellen Dialog mit einer Fördersumme von 400 Mio. Euro.

Aktionsprogramm Europa für Bürgerinnen und Bürger

Für den Bereich der internationalen Gemeindepartnerschaften, der europaweit tätigen Verbände bürgerschaftlichen Engagements und für Projekte und Institutionen zur Erinnerung an die Opfer des Nationalsozialismus und des Kommunismus gibt es das *Aktionsprogramm Europa für Bürgerinnen und Bürger* mit einem Volumen von 215 Mio. Euro.

Weitere Aktionsprogramme

Darüber hinaus gibt es zahlreiche weitere Aktionsprogramme, die aber meist sehr spezialisiert sind und auch ein deutlich geringeres Fördervolumen haben (z. B. für Verbraucherschutz, öffentliche Gesundheit und das *Programm für Beschäftigung und soziale Solidarität PROGRESS*).

Auswahlkriterien für alle Aktionsprogramme

So unterschiedlich die Aktionsprogramme im Einzelnen sind, gelten doch einige übergreifende Kriterien:

- Berücksichtigung der aktuellen politischen Ziele der EU – europäische Dimension durch mehrere Partner aus verschiedenen Mitgliedsstaaten und Themenstellungen, die länderübergreifend relevant sind
- Partnerschaftliche Zusammenarbeit zwischen allen Beteiligten – klar definierte angestrebte Ergebnisse und nachhaltige Verbreitung der gemachten Erfahrungen
- Qualitätssicherung und Evaluation

Exportschlager Stabilität und Wohlstand – Förderprogramme zum Thema Außenhilfen und Migration

Die Außenhilfen der EU konzentrieren sich auf drei geografisch aufgeteilte Programme:

- Das *Instrument der Heranführungshilfen* (IPA) wendet sich an Beitrittskandidaten wie die Türkei, Kroatien, Mazedonien, Albanien, Serbien, Montenegro, Bosnien und Herzegowina
- Das *Europäische Nachbarschafts- und Partnerschaftsinstrument* (ENPI) konzentriert sich auf Länder des südlichen und östlichen Mittelmeerraums, die westlichen Nachfolgestaaten der Sowjetunion und die Länder des Kaukasus
- Das Instrument für Entwicklungszusammenarbeit und wirtschaftliche Zusammenarbeit mit anderen Ländern (DCECI) betrifft alle Länder, für die IPA und ENPI nicht zuständig sind

Die Europäische Union ist inzwischen der größte Finanzier von Maßnahmen der Entwicklungshilfe und der wirtschaftlichen Zusammenarbeit. Tendenziell wird versucht, diese Gelder vor allem vor Ort einzusetzen, z. B. als direkte Hilfen zu den öffentlichen Haushalten der Empfängerländer oder über Ausschreibungen direkt in den betroffenen Regionen. Damit möchte man auch dem Vorwurf begegnen, dass der Großteil der Mittel der Entwicklungshilfe bei den Organisationen aus den Geberländern landet.

Ziele sind die Förderung der Stabilität und des Wohlstands außerhalb der EU, die Unterstützung der gemeinsamen Außen- und Sicherheitspolitik und die Verbreitung von Demokratie und Menschenrechten.

Lampedusa oder die Steuerung der Migrationsströme

Die dramatischen Bilder von überfüllten Flüchtlingsbooten und Ertrunkenen zeigen uns drastisch, dass die Europäische Union für Hunderttausende aus den ärmeren Regionen der Erde das Gelobte Land darstellt. Um mit dieser Herausforderung fertig zu werden, gibt es zwei Förderschwerpunkte:

- Der *Europäische Außengrenzenfonds* soll durch Zusammenarbeit mit den Herkunfts- und Transitländern den Beginn des Flüchtlingsstroms eindämmen.
- Der *Europäische Fonds zur Integration von Drittstaatsangehörigen* soll die bereits bei uns lebenden Menschen bei der sozialen und wirtschaftlichen Integration unterstützen.

Hand in Hand mit der Europäischen Förderpolitik

Wie bei der sonstigen öffentlichen Förderung ist gerade bei den Strukturfonds die Netzwerkarbeit mit den Vergabestellen sehr hilfreich. Da die Mittel auf Bundes-, Landes- oder sogar Regionalebene vergeben werden, liegt der besondere Vorteil des Networking darin, dass sich zahlreiche Überschneidungen mit Ihnen bereits bekannten Personen und Institutionen ergeben können.

Die großen Wohlfahrtsverbände unterhalten darüber hinaus meist eigene Verbindungsbüros in Brüssel und beschäftigen Referenten für die EU-Fördermittel. Nutzen Sie dieses Expertenwissen und die bestehenden Beziehungen.

Bei der Nutzung der Aktionsprogramme spielt die persönliche Netzwerkarbeit in der Regel keine große Rolle. Die Programme und Antragsverfahren sind seit Jahren standardisiert und die Chancen der Antragsteller sind grundsätzlich gleich verteilt.

Ausblick auf Europa 2020 und die neue Förderperiode

Da sich die aktuelle Förderperiode ihrem Ende zuneigt, stellt sich die Frage, mit welchen Schwerpunkten die Förderprogramme weiterentwickelt werden. Die dazu notwendige politische Leitstrategie wurde 2010 unter dem Namen „*Europa 2020*" von Kommission und Rat verabschiedet (weitere Informationen unter: ec.europa.eu/europe2020/index_de.htm).

Die Kommission definiert *Europa 2020* als Wachstumsstrategie der EU für das kommende Jahrzehnt und führt aus: „*In einer Welt, die sich immer weiter entwickelt, wünschen wir uns eine intelligente, nachhaltige und integrative Wirtschaft für Europa. Diese drei Prioritäten, die sich gegenseitig verstärken, dürften der EU und den Mitgliedstaaten helfen, ein hohes Maß an Beschäftigung, Produktivität und sozialem Zusammenhalt zu erreichen.*"

Fünf EU-Kernziele für das Jahr 2020

- Beschäftigung – 75 Prozent der 20- bis 64-Jährigen sollen in Arbeit stehen
- F&E und Innovation – drei Prozent des BIP der EU sollen für F&E und Innovation aufgewendet werden (öffentliche und private Investitionen)
- Klimawandel und Energie – Verringerung der Treibhausgasemissionen um 20 Prozent (oder 30 Prozent, sofern die Voraussetzungen hierfür gegeben sind) gegenüber 1990 sowie Erhöhung des Anteils erneuerbarer Energien auf 20 Prozent sowie Steigerung der Energieeffizienz um 20 Prozent
- Bildung – Verringerung der Schulabbrecherquote auf unter zehn Prozent sowie Steigerung des Anteils der 30- bis 34-Jährigen mit abgeschlossener Hochschulbildung auf mindestens 40 Prozent
- Armut und soziale Ausgrenzung – Die Zahl der von Armut und sozialer Ausgrenzung betroffenen oder bedrohten Menschen soll um mindestens 20 Millionen gesenkt werden

Sieben EU-Leitinitiativen

- *Digitale Agenda für Europa* (Schaffung eines digitalen Binnenmarkts auf der Grundlage des schnellen und ultraschnellen Internets und interoperabler Anwendungen)
- *Innovationsunion* (Neuausrichtung der F&E- und Innovationspolitik auf Klimawandel, Energie- und Ressourceneffizienz, Gesundheit und demografischen Wandel sowie Verstärkung aller Glieder der Innovationskette – von der Grundlagenforschung bis zur Vermarktung)
- *Jugend in Bewegung* (Erleichterung des Auslandsstudiums, bessere Vorbereitung junger Menschen auf die Herausforderungen des Arbeitsmarkts, Verbesserung der allgemeinen und beruflichen Bildung)
- *Ressourcenschonendes Europa* (Unterstützung des Übergangs zu einer ressourcenschonenden, emissionsarmen Wirtschaft)
- *Industriepolitik im Zeitalter der Globalisierung* (Schwerpunkt kleine Unternehmen)
- *Agenda für neue Kompetenzen und Beschäftigungsmöglichkeiten* (Verbesserung der beruflichen Qualifikationen und Modernisierung der Arbeitsmärkte)
- *Europäische Plattform zur Bekämpfung der Armut* (Verbesserung des wirtschaftlichen, sozialen und territorialen Zusammenhalts sowie der gesellschaftlichen Teilhabe von Armut und sozialer Ausgrenzung betroffener Menschen)

Die konkreten Auswirkungen der EU-Kernziele und der Leitinitiativen auf die einzelnen Förderprogramme wird zur Zeit diskutiert und die Details sind noch nicht abschätzbar. Insider rechnen damit, dass erfolgreich etablierte Programme, wie beispielsweise *Lebenslanges Lernen* oder das *Forschungsrahmenprogramm*, fortgeführt werden. Wenn die Strukturfonds eine größere Breitenwirkung entfalten sollen, müssen ihre bürokratischen Prozesse deutlich vereinfacht werden. Eine flächendeckende Einführung der Finanzierung über Pauschalen wäre ein deutlicher Fortschritt.

Die wichtigsten Informationsquellen zur EU-Förderung

Die Internetseiten der Europäischen Union sind ein guter Einstieg, um sich einen ersten Überblick über die europäischen Finanzhilfen zu verschaffen. Unter http://ec.europa.eu/contracts_grants/index_de.htm finden Interessierte alle notwendigen Informationen.

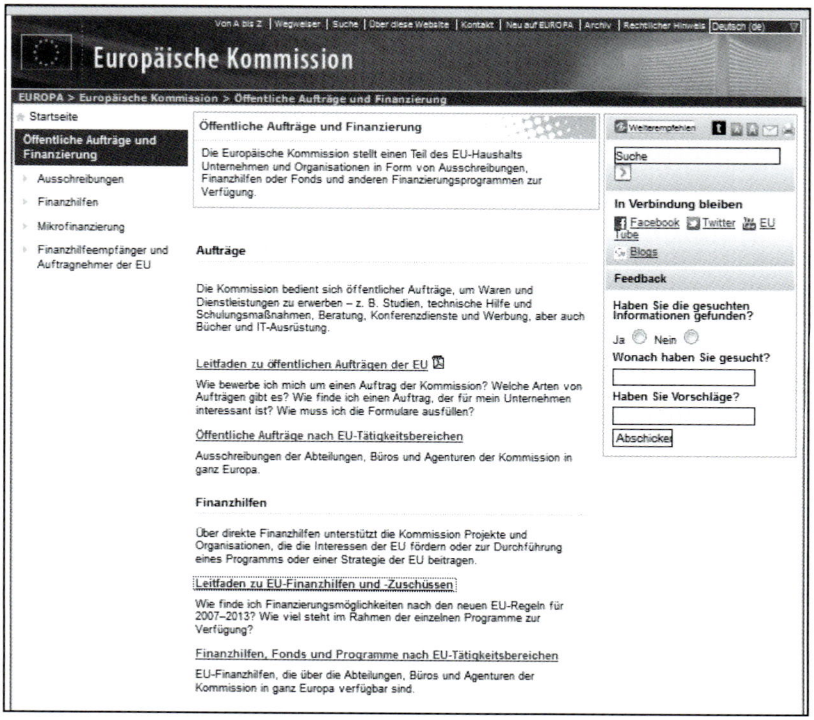

Webseite der EU-Kommission zu öffentlichen Aufträgen
(http://ec.europa.eu/contracts_grants/index_de.htm)

Die bereits im letzten Kapitel genannte Datenbank der Förderprogramme und Finanzhilfen des Bundes, der Länder und der EU (www.foerderdatenbank.de), die vom Bundesministerium für Wirtschaft und Technologie gepflegt wird, eignet sich sehr gut für die Recherchen zu den Strukturfonds in Deutschland.

Fast jedes Förderprogramm hat einen eigenen Internetauftritt. Als Beispiel ist hier die Seite des Europäischen Sozialfonds (www.esf.de) genannt.

Website des Europäischen Sozialfonds (www.esf.de)

Auch auf Landesebene finden sich entsprechende Verzeichnisse:

Website EU-Förderung Bayern (www.eu-foerderung.bayern.de)

Ein besonders Angebot stellt die Bank für Sozialwirtschaft (BFS) zur Verfügung. Unter www.eufis.de finden man den Zugang zu einer umfassenden Online-Datenbank mit allen relevanten EU-Informationen für die deutsche Sozialwirtschaft. Dieses Angebot ist allerdings kostenpflichtig und die Kosten für ein Jahresabo liegen zwischen 340 und 505 Euro (zzgl. 19 Prozent MwSt.). Es gibt allerdings auch ein kostengünstiges Monatsabo.

Seit 2014 kostenlos!

Website des Europäischen Fachinformationssystems www.eufis.de

Eine große Anzahl weiterer Internetquellen finden Sie unter: www.links.foerdermittelfuehrer.de.

Praxisaufgabe

In welchen Ländern würden Sie sich gerne neue fachliche Impulse für Ihre Aktivitäten einholen?

Welche Ihrer Aktivitäten haben eine europäische Dimension?

Welchen EU-Förderbereich wollen Sie sich einmal genauer ansehen?

Kennen Sie die Aktivitäten der europäischen Strukturfonds in Ihrer Region?

Welche internationalen Kontakte könnten Sie für ein EU-Projekt nutzen?

Welche Ihrer Partner und Wettbewerber profitieren von EU-Finanzhilfen?

Wer sind Ihre verbandsinternen Experten und Informationsquellen für europäische Fördermittel?

Kapitel 7: Förderung durch Lotteriemittel

In diesem Kapitel:

- Die Lotteriestruktur in Deutschland
- Förderung durch die Aktion Mensch
- Förderung durch Ein Platz an der Sonne / Deutsches Hilfswerk (DHW)
- Förderung durch die Glücksspirale
- Die wichtigsten Informationsquellen

Bei den Trägern sozialer Dienste, die einem der großen Wohlfahrtsverbände angehören, sind die Fördermöglichkeiten der Aktion Mensch, des Deutschen Hilfswerks und der Glücksspirale gut bekannt. Das liegt daran, dass es die entsprechenden Programme schon seit Jahrzehnten gibt und es den Verbänden ein großes Anliegen ist, ihren Anteil am Fördertopf für die eigenen Mitglieder zu sichern.

Gerade kleinere Träger oder soziale Dienstleister außerhalb der Behindertenhilfe haben nicht selten einen grundsätzlichen Aufklärungsbedarf über diese Fördermöglichkeiten. Immerhin geht es allein bei den sogenannten Soziallotterien um ein jährliches Fördervolumen von etwa 250 Mio. Euro.

Eines der letzten Monopole: Die Lotteriestruktur in Deutschland

In Deutschland sind Lotterien ein staatliches Monopol – nur der Staat oder von ihm lizenzierte Organisationen dürfen Lotterien anbieten. Dies dient offiziell der Eindämmung der Spielsucht, sichert aber ganz praktisch hohe Einnahmen für die öffentliche Hand. Als Fördermittelakquisiteur müssen Sie zunächst wissen, dass es zwei Arten von Glücksspielorganisationen gibt:

- Mitglieder des Deutschen Lotto- und Totoblocks
- Soziallotterien

Ländersache: Der Deutsche Lotto- und Totoblock

Der Deutsche Lotto- und Totoblock ist eine Vereinigung der Lottogesellschaften der Bundesländer. Zu den Produkten der Gesellschaften gehören unter anderem Lotto (6 aus 49), ODDSET, GlücksSpirale, Toto und KENO. Der Spieleinsatz betrug 2010 knapp 6,5 Mrd. Euro. Die Einnahmen werden meist nur zu 50 Prozent in Form von Gewinnen an die Spieler ausgezahlt. Einen großen Teil der übrigen Umsätze (ca. 2,5 Mrd. Euro) verwenden die Bundesländer als Zweckerträge nach eigenen Vorstellungen. Zum Teil fließt das Geld vollständig in die Landeshaushalte (z. B. in Bayern), zum Teil werden aber auch Zuwendungen direkt an Not-Profit-Projekte vergeben. Traditionell geht der größte Teil der Fördergelder in den Breitensport (ca. 50 Prozent). Daneben werden Aktivitäten aus den Bereichen Soziales, Kultur, Denkmal- und Umweltschutz gefördert. Wie die Mittelvergabe in Ihrem Bundesland im Detail erfolgt, müssen Sie selbst recherchieren.

In folgenden Ländern können gemeinnützige Träger Förderungen aus Lotteriemitteln der Länder beantragen (Die Adressen finden Sie im Teil 7):

- Berlin (Stiftung Deutsche Klassenlotterie Berlin)
- Brandenburg (Landesministerien)
- Niedersachsen (über die Wohlfahrts- und Kulturverbände, LandesSportBund, Lotto-Sport-Stiftung und Stiftung Niedersachsen)
- Nordrhein-Westfalen (NRW-Stiftung Naturschutz, Heimat- und Kulturpflege, Kunststiftung NRW, Wohlfahrtsverbände)
- Rheinland-Pfalz (Lotto-Stiftung)
- Sachsen-Anhalt (Abteilung Projektförderung)

Alle für einen – die drei Soziallotterien

Die sogenannten Soziallotterien, wie Aktion Mensch, Ein Platz an der Sonne und Glücksspirale, sind bundesweit tätig und haben fest definierte Ausschreibungsverfahren und Antragswege:

Überblick über die Ausrichtung, die zugelassenen Antragsteller und das Fördervolumen der Soziallotterien			
	Aktion Mensch	Ein Platz an der Sonne / Deutsches Hilfswerk (DHW)	Glücksspirale
Zielgruppe der Projekte	Menschen mit Behinderung oder sozialer Benachteiligung Kinder- und Jugendhilfe	Kinder, Jugendliche, alte und kranke Menschen	Menschen mit einer Behinderung Psychisch kranke und suchtkranke Menschen Kinder und Jugendliche

			Alte Menschen Menschen mit besonderen sozialen Schwierigkeiten
Zugelassene Antragsteller	Anerkannte nicht öffentliche gemeinnützige Träger (Keine Träger der Altenhilfe mit Versorgungsvertrag nach SGB XI)	Anerkannte nicht öffentliche gemeinnützige Träger	Träger die einem der Verbände der Bundesarbeitsgemeinschaft der freien Wohlfahrtspflege (BAGFW) angehören
Fördervolumen / Jahr	150–170 Mio. €	70–75 Mio. €	16–20 Mio. €

Ohne Verband geht (fast) gar nichts – die Antragstellung

Bei allen Soziallotterien ist auf die fest definierten Prozesse der Antragstellung zu achten. Falls der Antragsteller einem Spitzenverband der freien Wohlfahrtspflege angehört, erfolgt die Antragstellung ausschließlich über die Strukturen des eigenen Verbands. Dazu gibt es auf Landes- oder Regionalebene feste Referenten, welche die Träger bei der Antragstellung beraten und betreuen. Wenn man keinem Spitzenverband angehört, kann man sich bei Aktion Mensch und DHW direkt an die Lotterie wenden. Bei der Glücksspirale ist in diesem Fall eine Förderung ausgeschlossen.

Der große Vorteil dieser Vorgehensweise ist, dass Ihr Verbandsreferent den Antrag erst dann an die nächsten Entscheidungsgremien weiterleitet, wenn er auch Aussicht auf Erfolg hat. Der große Nachteil sind die langen Vorlaufzeiten. In der Regel ist mit neun bis zwölf Monaten, bei Bauprojekten mit einem bis drei Jahren zu rechnen.

Die Antragssituation bei den Verbänden ist sehr unterschiedlich. Sehr hierarchisch strukturierte Institutionen, strukturieren die Antragsmöglichkeiten für ihre Mitglieder stark vor. Stärker basisdemokratisch orientierte Verbände räumen jedem Mitglied die gleichen Antragsmöglichkeiten ein und dies kann zu einem erheblichen Antragsrückstau führen.

Bei allen drei Soziallotterien gelten die folgenden Vorgaben:

Grundsätzlich ist die Förderung durch die Soziallotterien nachrangig, d. h. sie ist nur dann möglich, wenn alle anderen Fördermöglichkeiten durch Bund, Länder, Kommunen und sonstige öffentliche Institutionen (z. B. Sozialversicherungen) ausgeschöpft sind und Eigen- und Kapitalmarktmittel in angemessenem Umfang eingesetzt werden.

- Es besteht kein Rechtsanspruch auf Förderung
- Es liegt keine Kombination mit weiteren Lotteriemitteln vor
- Der Antragsteller ist gemeinnützig und wird nicht von der öffentlichen Hand dominiert

Die Förderung durch Soziallotterien ist immer nachrangig!

Schwerpunkte der Aktion Mensch:

- Die Zielgruppen der geförderten Aktivitäten sind auf bestimmte Personenkreise eingeschränkt: Menschen mit Behinderung (aber keine altersbedingte Behinderung wie z. B. Demenz); Kinder- und Jugendliche bis maximal 27 Jahre; Menschen mit besonderen Schwierigkeiten (Wohnungslosigkeit, gewaltgeprägte Lebensumstände, Entlassung aus geschlossener Anstalt)
- Förderspektrum: Investitionsförderung (Grundstücke, Bauten, Inventar, Nutzfahrzeuge); Starthilfen (z. B. ambulante Dienste); Projektförderung (Kunst, Kultur, Sport, offene Behindertenarbeit); Kleinprojekte zum Thema Inklusion

Schwerpunkte von Ein Platz an der Sonne / Deutsches Hilfswerk:

- Hinsichtlich der Zielgruppen gibt es keine so klaren Einschränkungen wie bei der Aktion Mensch.
- Förderspektrum: Investitionsförderung (Baumaßnahmen und Inventar für Einrichtungen der Altenhilfe, der Gesundheitsvorsorge und -nachsorge); soziale Maßnahmen zum Aufbau neuer, auf Dauer angelegter Aufgabengebiete und Modellprojekte; Sonderförderung über das Kuratorium Deutsche Altenhilfe im Bereich Qualifizierung, Beratung und Konzeption in der Altenhilfe

Schwerpunkte der Glücksspirale:

- Grundsätzliche Zielgruppen: Menschen mit geistigen, körperlichen, seelischen und/oder Sinnesbehinderung; Psychisch kranke sowie suchtkranke Menschen; Kinder und Jugendliche; Alte Menschen; Menschen in besonderen Lebensverhältnissen mit besonderen sozialen Schwierigkeiten

- Inhaltliche Schwerpunkte: Ihre Ausgestaltung liegt bei den jeweiligen Dachverbänden und folgt deren förderpolitischer Ausrichtung. Das führt dazu, dass für die Träger des Roten Kreuzes andere Bedingungen gelten können als für die Träger der Arbeiterwohlfahrt oder der Paritäter.

Entwicklungstendenzen bei der Förderung durch Lotteriemittel

Die Einnahmen sowohl im Lotto- und Totoblock als auch bei den Soziallotterien gehen kontinuierlich zurück und damit die grundsätzlich verfügbaren Fördermittel. Ein Ende dieser Entwicklung ist nicht abzusehen.

Die Aktion Mensch und das Deutsche Hilfswerk sind eine der ganz wenigen Fördermöglichkeiten für Bauprojekte. Dies führt dazu, dass die Mehrheit der Antragsteller sich auf diesen Bereich konzentriert. Als Gegenmaßnahme wurden die Höchstfördersummen für Bauprojekte bereits verringert. Insiderinformationen zufolge freut man sich in den Entscheidungsgremien über jeden Antrag, der nicht mit baulichen Investitionen zusammenhängt.

Die wichtigsten Informationsquellen

Das beste Informationsangebot im Internet hat zurzeit die Aktion Mensch. Auf ihren Internetseiten finden sich alle notwendigen Ausschreibungsunterlagen und viele Beispielprojekte. Die Antragstellung erfolgt ausschließlich online über das auf diesen Seiten zur Verfügung gestellte Portal. Das erleichtert die Antragstellung sehr, weil man immer ein aktuelles zentrales Antragsformular hat, das aber von mehreren Personen gleichzeitig bearbeitet werden kann.

Bei Ein Platz an der Sonne erhält man im Bereich Förderung ebenfalls die aktuellen Ausschreibungsbedingungen zum Download und eine Übersicht der geförderten Projekte nach Halbjahren und Bundesländern geordnet sowie das Antragsformular. Eine Online-Antragsstellung ist hier noch nicht möglich.

Für die Glücksspirale gibt es nur sehr rudimentäre allgemein zugängliche Informationen im Netz. Das liegt daran, dass die Antragstellung hier ausschließlich über die jeweiligen Spitzenverbände läuft und diese den Antragsprozess sehr unterschiedlich gestaltet haben.

Bei allen drei Soziallotterien ist es aber auf jeden Fall empfehlenswert, zusätzliche Informationen von den zuständigen Referenten des eigenen Wohlfahrtsverbands einzuholen. Dort bekommt man unbezahlbare Tipps über aktuelle Tendenzen in der Förderung und Beispiele von erfolgreichen Anträgen. Zudem werden häufig auch Informationsveranstaltungen zu den Förderprogrammen angeboten.

Kapitel 8: Förderung durch Stiftungen

In diesem Kapitel:

- Was ist eigentlich eine Stiftung?
- Der Förderbereich mit den größten Wachstumstendenzen
- Die Stiftungslandschaft in Deutschland
- Die größten Förderstiftungen im Überblick
- Die wichtigsten Informationsquellen

Im Gegensatz zu den schrumpfenden Fördertöpfen der öffentlichen Hand und der Soziallotterien gibt es einen Förderbereich, der seit Jahren immer weiter wächst. Laut den Statistiken des Bundesverbands Deutscher Stiftungen hat sich die Anzahl der Stiftungen bürgerlichen Rechts in Deutschland innerhalb der letzten zehn Jahre nahezu verdoppelt. 2010 waren es über 18.000. Dazu kommen mehrere tausend Stiftungen, die eine andere Rechtsform haben.

Die von Stiftungen verwalteten Vermögenswerte sind eindrucksvoll, Schätzungen sprechen von rund 100 Mrd. Euro. Jährlich werden etwa 16 Mrd. Euro zur Verwirklichung gemeinnütziger Zwecke eingesetzt.

Was ist eigentlich eine Stiftung?

Nähern wir uns dem Begriff erst mal mit der Definition von Wikipedia:

> „Eine Stiftung ist eine Einrichtung, die mit Hilfe eines Vermögens einen vom Stifter festgelegten Zweck verfolgt. Dabei wird in der Regel das Vermögen auf Dauer erhalten, und die Destinatäre können nur in den Genuss der Erträge kommen. Stiftungen können in verschiedenen rechtlichen Formen und zu jedem legalen Zweck errichtet werden. Die meisten Stiftungen werden in privatrechtlicher Form errichtet und dienen gemeinnützigen Zwecken."

Die am weitesten verbreitete Form der Stiftung ist die Stiftung bürgerlichen Rechts. Stiften kann grundsätzlich jede natürliche Person, die nach dem Gesetz voll geschäftsfähig ist oder jede juristische Person, wie beispielsweise ein rechtsfähiger Verein. Außer durch die nationale Gesetzgebung wird der Stiftungssektor nachhaltig von den Bestimmungen der Bundesländer beeinflusst. Die Stiftungsbehörden der Länder müssen die Stiftung bürgerlichen Rechts durch einen Verwaltungsakt anerkennen. Sie überwachen auch, dass das Stiftungsvermögen durch geeignete Maßnahmen erhalten bleibt und die Ausgaben ausschließlich für satzungsgemäßen Zwecke verwendet werden. Übrigens gibt es keine Mindestkapitalausstattung für die Gründung einer Stiftung. Als unterster Richtwert wird aber in der Regel eine Summe von 50.000 Euro genannt.

Neben den Stiftungen bürgerlichen Rechts gibt es eine Vielzahl von anderen Rechtsformen, z. B. Stiftungen öffentlichen oder kirchlichen Rechts, treuhänderische Stiftungen, privatnützige Stiftungen, Familienstiftungen, Bürgerstiftungen, Stiftungen in Rechtsform einer GmbH oder einer AG oder Stiftungsvereine. Alle Stiftungen unabhängig von der Rechtsform können Förderprogramme ausschreiben, wenn sie als gemeinnützig anerkannt sind.

Der Förderbereich mit den größten Wachstumstendenzen

Was sind die Gründe für dieses eindrucksvolle Wachstum? Einerseits möchte die öffentliche Hand mit steuerrechtlichen Vergünstigungen den Auf- und Ausbau von gemeinnützigen Stiftungen bewusst fördern. Angesichts zurückgehender öffentlicher Gelder und der Kapitalakkumulierung in privater Hand (Stichwort Erbengeneration) ist man bestrebt, die private Förderung des bürgerlichen Engagements auszubauen. Rechtlich wurde das im Stiftungsförderungsgesetz aus dem Jahr 2000 und dem Gesetz zur weiteren Stärkung des bürgerschaftlichen Engagements im Jahr 2007 geregelt.

Gemeinnützige Stiftungen sind bei Errichtung und Zustiftungen von der Erbschafts- bzw. Schenkungssteuer befreit. Der Spender und Zustifter kann zusätzlich Sonderausgaben bis zu einer Höhe von 20 Prozent des Gesamtbetrags seiner Einkünfte über einen Zeitraum von bis zu zehn Jahren geltend machen. Für viele Menschen mit einem großen Erbvermögen ist es daher attraktiver, ihr Kapital in eine eigene Stiftung mit selbstbestimmten Förderschwerpunkten und vielleicht dem eigenen Namen einzubringen, als das Geld in Form der Erbschaftssteuer dem Staat zu überlassen.

Ein zweiter Grund für den Stiftungsboom ist der von vielen Seiten propagierte Einsatz von Stiftungen als Instrumente des Fundraisings zur Gewinnung von zusätzlichen Spenden und insbesondere von Vermächtnissen.

Kleiner Exkurs: Die eigene Stiftung als Geldfriedhof?

Banken, Vermögens- und Stiftungsverwalter, Steuerberater und Rechtsanwälte halten eine Vielzahl von Hochglanzprospekten bereit, um gemeinnützige Träger von den Vorteilen von Stiftungsgründungen zu überzeugen. Das ist auch kein Wunder, weil sich eine Stiftungsgründung durch ihren langfristigen Charakter für den Dienstleister auf jeden Fall lohnt.

Zum Glück hört man auch zunehmend kritische Stimmen zur Stiftungsgründung. Ich bin immer wieder verwundert, wenn beispielsweise Kirchengemeinden eine Stiftung gründen, um die Sanierung ihrer Kirchenglocken zu finanzieren oder ein Förderverein mit einer Stiftung die Finanzierung von neuen Büchern für die Gemeindebücherei sichern will. Warum das in vielen Fällen ziemlicher Unsinn ist, wird am besten an einem Beispiel klar:

Angenommen, Sie wollen eine hauptamtliche Halbtagesstelle für Ihre Organisation über eine eigene Stiftung finanzieren. Gehen wir davon aus, dass Sie dafür einen jährlichen Finanzierungsbedarf bei Abdeckung aller Lohnnebenkosten von 20.000 Euro haben. Bei einer Jahresverzinsung von drei Prozent des Kapitals und unter der Annahme, dass die Verwaltungskosten für die Stiftung auf 500 Euro begrenzt werden können, benötigen Sie ein Stiftungskapital von rund 750.000 Euro! Ich kenne wenige gemeinnützige Organisationen, welche auch nur annähernd das Potenzial haben, eine solche Summe für einen solchen Zweck einzuwerben.

Für manche Institutionen und in bestimmten Situationen können Stiftungen eine wichtige Rolle spielen. Gerade für Träger mit regelmäßigen und hohen Großspenden und Vermächtnissen können sie ein gutes Instrument sein. Für den Großteil der gemeinnützigen Organisationen halte ich Stiftungen aber für nicht geeignet.

Die Stiftungslandschaft in Deutschland

Anhand welcher Kriterien kann man sich nun einen Überblick über die Stiftungslandschaft in Deutschland verschaffen? Grundlage der folgenden Ausführungen sind Zahlen zu den Stiftungen bürgerlichen Rechts aus dem Verzeichnis Deutscher Stiftungen des Bundesverbands Deutscher Stiftungen.

Höchst unterschiedliche regionale Verteilung

Zum einen sind Stiftungen regional sehr unterschiedlich verteilt. Historisch und durch die Verteilung privater Einkommen bedingt finden sich über 93 Prozent aller Stiftungen in den alten Bundesländern. Die meisten Stiftungen pro Einwohner gibt es in Hamburg, Bremen, Hessen, Bayern und Baden-Württemberg. Diese Zahlen sind deswegen entscheidend, weil 80 Prozent aller Stiftungen nur vor Ort oder regional aktiv sind.

Operative und fördernde Stiftungen

Zum anderen unterscheidet man zwischen operativen und fördernden Stiftungen. Operative Stiftungen konzentrieren ihre Ausgaben auf eigene Aktivitäten. Ein Beispiel ist die Bertelsmann Stiftung. Fördernde Stiftungen vergeben ihre Mittel auf Antrag nach außen an Institutionen und Einzelpersonen, wie beispielsweise die Stiftung der Software AG. 61 Prozent der Stiftungen bezeichnen sich selbst als fördernd, 20 Prozent als fördernd und operativ und

19 Prozent als ausschließlich operativ. Die Ausgaben der reinen Förderstiftungen werden auf etwa drei Mrd. Euro geschätzt.

Bei unserer Fördermittelrecherche konzentrieren wir uns ausschließlich auf die fördernden Stiftungen.

Immense Größenunterschiede

Das Vermögen und die Ausgaben der Stiftungen sind sehr unterschiedlich verteilt. Fast ein Drittel der Stiftungen verfügt nur über ein Vermögen von bis zu 100.000 Euro. Wir sprechen hier von einem potenziellen jährlichen Fördervolumen von ca. 1.000 bis 3.000 Euro pro Stiftung. Wenn eine solche Summe dann noch nach dem Gießkannenprinzip auf vier Projekte verteilt wird, wird schnell klar, warum diese Gruppe von Stiftungen für die meisten Projekte nicht als Förderpartner infrage kommt. 46 Prozent der Stiftungen haben jährliche Gesamtausgaben von bis zu 25.000 Euro. Damit bleiben immer noch mehr als 8.000 Stiftungen, die gemeinnützige Aktivitäten mit mehr als 25.000 Euro pro Jahr finanzieren. Am oberen Ende der Vermögenspyramide verfügen die 15 größten Stiftungen über ein Vermögen von insgesamt etwa 26 Mrd. Euro.

Die 15 größten Stiftungen privaten Rechts	**Vermögen (Mio. Euro)**
Robert Bosch Stiftung GmbH	5.127
Dietmar-Hopp-Stiftung GmbH	3.400
Else Kröner-Fresenius-Stiftung	2.900
VolkswagenStiftung	2.458
Baden-Württemberg Stiftung gGmbH	2.243
Deutsche Bundesstiftung Umwelt	1.986
Klaus Tschira Stiftung gGmbH	1.960
Joachim Herz Stiftung	1.300
Alfried Krupp von Bohlen und Halbach-Stiftung	1.066
Software AG-Stiftung	1.288
Gemeinnützige Hertie-Stiftung	886
ZEIT-Stiftung Ebelin und Gerd Bucerius	732
Bertelsmann Stiftung	619

Körber-Stiftung	515
Fritz Thyssen Stiftung	425

Quelle: Bundesverband Deutscher Stiftungen

Förderschwerpunkte

96 Prozent der Stiftungen in Deutschland verfolgen gemeinnützige Zwecke. Die Statistik des Bundesverbands Deutscher Stiftungen unterscheidet 36 unterschiedliche Zweckschwerpunkte von A wie Altenhilfe bis Z wie Zivilbeschädigten- und Behindertenhilfe. Wenn man diese zu Hauptzweckgruppen zusammenfasst, zeigt sich folgende Verteilung der Stiftungszwecke:

- Soziale Zwecke 26,1 %
- Wissenschaft und Forschung 13,0 %
- Bildung und Erziehung 17,3 %
- Kunst und Kultur 15,4 %
- Umweltschutz 5,8 %
- Andere gemeinnützige Zwecke 19,7 %
- Privatnützige Zwecke 2,7 %

Über alle Stiftungszwecke hinweg gilt zusätzlich: Die besten Aussichten auf eine Förderung gibt es aber bei Stiftungen in der Region.

Entwicklungstendenzen der Förderstiftungen

Auch wenn die Zahl der Stiftungsneugründungen wieder leicht zurückgeht, liegt sie mit 800 pro Jahr noch immer auf einem sehr hohen Niveau. Es bleibt zu hoffen, dass sich die vielen unterkapitalisierten Stiftungen durch Kooperationen und Zusammenschlüsse reorganisieren und damit in Zukunft über größere Fördervolumina entscheiden können.

Die große Zahl der Stiftungen erhöht einerseits die Wahrscheinlichkeit, eine passende Förderinstitution zu finden, aber auf der anderen Seite wird der Aufwand sehr groß, unter den vielen unpassenden Einrichtungen seine „Förderperle“ zu finden. Viele große, bekannte Förderstiftungen stöhnen über die tägliche Antragsflut. Aus diesem Grund arbeiten einige nur noch mit festen Partnern zusammen oder werden selbst operativ tätig.

Insgesamt bilden Stiftungen aber einen sehr wesentlichen Teil der Fördermöglichkeiten für gemeinnützige Organisationen und werden auch in Zukunft eine wichtige Rolle spielen.

Die wichtigsten Informationsquellen

Das umfassendste Verzeichnis der deutschen Stiftungen wird vom Bundesverband Deutscher Stiftungen herausgegeben. In der Ausgabe 2011 des *Verzeichnisses Deutscher Stiftungen* finden sich rund 19.000 Portraits von Stiftungen in Deutschland mit Kontaktdaten, Förderzwecken, Förderschwerpunkten und weiterführenden Informationen. Zu empfehlen ist insbesondere die CD-ROM-Version mit einer elektronischen Datenbank. Über die detaillierte Suche lassen sich u. a. folgende Kriterien auswählen: PLZ, Bundesland, Zwecke, Förderstiftungen, Antragsmöglichkeit nicht ausgeschlossen. Die Buchversionen sind dagegen für die praktische Recherche weniger geeignet. Die Investition von 199,00 Euro (Verzeichnis Bd. 1 mit CD-ROM) ist sicher kein Pappenstil. Für die regelmäßige Recherche von Förderquellen kann ich das Verzeichnis aber voll empfehlen und man holt den Preis durch die gewonnenen Effizienz und Effektivität bei der Recherche schnell wieder rein.

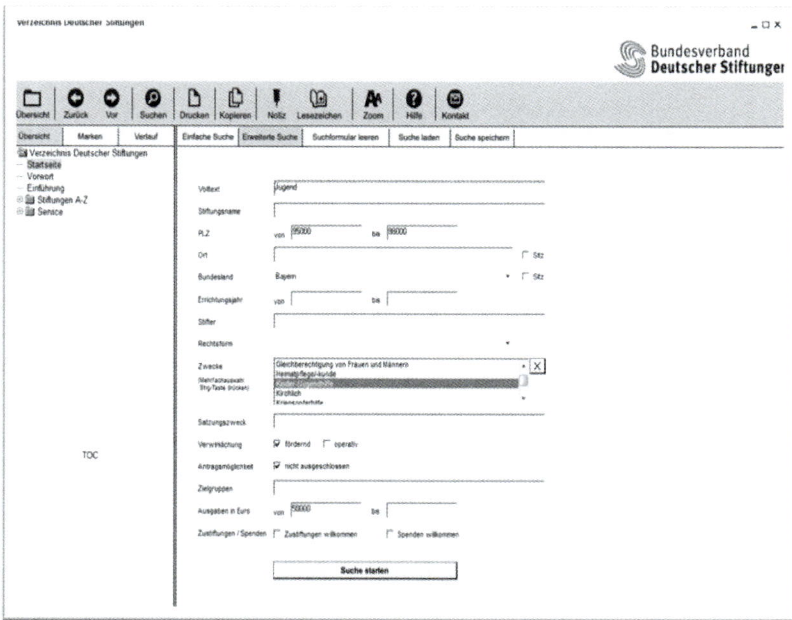

Abbildung aus der Datenbank Verzeichnis Deutscher Stiftungen *des Bundesverbands Deutscher Stiftungnen*

Unter der Internetadresse www.stiftungsindex.de findet sich eine abgespeckte kostenlose Internetversion der Datenbank. Hier sind allerdings nur etwa 8.000 Adressen berücksichtigt und die Suchmöglichkeiten sind nicht so detailliert wie in der käuflichen Version.

Das zweite umfassende Stiftungsverzeichnis wird vom Maecenata Institut für Philanthropie und Zivilgesellschaft herausgegeben. Der *Maecenata Stiftungsführer 2011* umfasst 1.800 Seiten mit 6.000 Stiftungsprofilen und ist zum Preis von 39,80 Euro als PDF erhältlich. Die Recherchemöglichkeiten sind gegenüber einem gedruckten Buch sicher besser, kommen aber an eine professionelle Datenbank nicht heran.

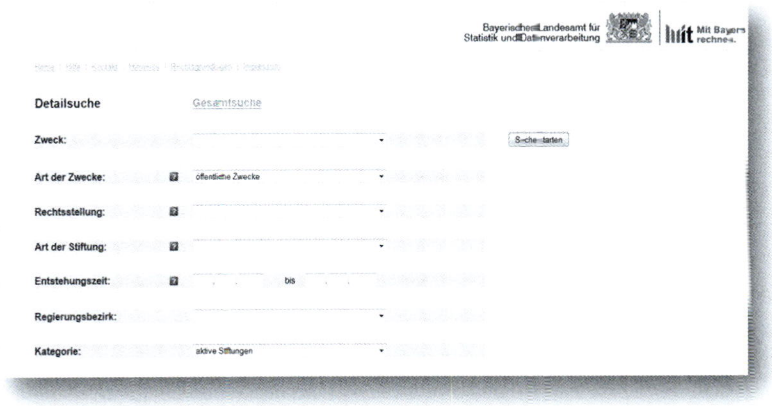

Website des Stiftungsverzeichnisses Bayern www.stiftungen.bayern.de

Alle Stiftungen bürgerlichen Rechts kann man kostenlos auch über die Internetportale der jeweiligen Aufsichtsbehörden der Länder recherchieren. Als Beispiel sei hier z. B. www.stiftungen.bayern.de genannt.

Die Internetadressen aller Stiftungsdatenbanken der Länder und von zahlreichen weiteren Portalen finden Sie unter www.links.foerdermittelfuehrer.de.

Kapitel 9: Förderfonds von Unternehmen, Verbänden und Kirchen

In diesem Kapitel:

- Förderfonds der Medien
- Förderfonds von Unternehmen und Organisationen
- Förderfonds von Verbänden und Kirchen
- Die wichtigsten Informationsquellen

Neben den Stiftungen können auch Organisationen anderer Rechtsformen Fördermittel vergeben, z. B. gemeinnützige Vereine oder Unternehmen. Zur Unterstützung von Bedürftigen in konkreten Notlagen oder zur Förderung des bürgerschaftlichen Engagements ist in den letzten Jahrzehnten eine Vielzahl von Förderfonds entstanden. Häufig suchen diese nach Partnern, die mit ihren Projekten eine nachhaltige Verbesserung für die Zielgruppe erreichen können.

Hilfsinitiativen von Medien

Hilfsinitiativen von Medien, wie z. B. *Ein Herz für Kinder* vom Springer Verlag oder *Sternstunden* vom Bayerischen Rundfunk, erreichen mit ihren Spendenaktionen eine große Öffentlichkeit. Es gibt kaum eine Tageszeitung oder eine Radiostation, die nicht mindestens einmal im Jahr (am beliebtesten natürlich zur Vorweihnachtszeit) entsprechende Aktivitäten durchführt. Besonders medientauglich sind Aktivitäten für in Not geratende Kinder. Manchmal ist die Förderung auf das Verbreitungsgebiet des Mediums beschränkt (z. B. bei Tageszeitungen), andere Spendenaktionen fördern auch bundesweit oder international.

Der Akquisiteur von Fördergeldern sollte kontinuierlich sein Medienumfeld beobachten, um entsprechende Finanzierungsmöglichkeiten zu identifizieren. Die Antrags- und Entscheidungswege sind dabei so vielfältig wie die Medien, die dahinterstehen. Durch lokale Beziehungen können sich durchaus gute Möglichkeiten ergeben, Entscheidungsträger persönlich anzusprechen.

Beispiele für Medienfonds in Deutschland:

- *Ein Herz für Kinder – Aktion Bild hilft* (Kinder und Jugendliche in Deutschland und in Entwicklungsländern)
- *Aktion Sternstunden – Wir helfen Kindern* (Bayerischer Rundfunk: Kinder und Jugendliche in Bayern, Deutschland und in Entwicklungsländern)

- *RTL Stiftung – Wir helfen Kindern* (Kinder und Jugendliche in Deutschland und in Entwicklungsländern)
- *Lichtblicke – Weil Menschen Hoffnung brauchen* (Soziale Projekte in Nordrhein-Westfalen)
- *Herzenssache – Hilft Kindern* (SWR und SR: Kinder und Jugendliche in Baden-Württemberg, Rheinland-Pfalz und Saarland sowie in Entwicklungsländern)
- *Kartei der Not – Gemeinsam geht's* (Augsburger Allgemeine: Soziale Projekte in Bayerisch Schwaben)

Förderfonds von Organisationen

Private Förderfonds gehen häufig auf die Initiative von engagierten Einzelpersonen oder Gruppen zurück, die gesellschaftliche Missstände nachhaltig verändern wollen. So wurde das Deutsche Kinderhilfswerk 1972 von Kaufleuten und Unternehmern in München gegründet, um mit neuen Ideen und finanzieller Unterstützung der unbefriedigenden Spielplatzsituation in Deutschland zu begegnen. Heute versteht sich der private Verein als Interessenvertretung zur Durchsetzung der Rechte von Kindern. Durch seine Förderfonds unterstützte er allein im Jahr 2008 mehr als 371 Projekte und Einzelfälle mit insgesamt 484.000 Euro. Viele Förderfonds sehen ihre Hauptaufgabe in der Generierung von Spendengeldern und betreiben eine entsprechende Öffentlichkeitsarbeit, durch die sie auch von potenziellen Antragstellern für eine Förderung identifiziert werden können.

Förderfonds von Unternehmen

Für Unternehmen sind Förderfonds ein Mittel, ihre Unterstützung des Gemeinwohls nach außen zu kommunizieren und damit ein wichtiges Instrument der Öffentlichkeitsarbeit. Neudeutsch spricht man auch von „Corporate Social Responsibility“ (CSR). Häufig dienen die Fonds auch dazu, die eigenen Mitarbeiter zu gemeinnützigen Aktivitäten im eigenen Umfeld zu motivieren. Neben den verfolgten Zielen muss ein gefördertes Projekt natürlich zum Image des Unternehmens passen und sich für eine öffentliche Darstellung eigenen. Es gibt naturgemäß viele Überschneidungen mit Unternehmensstiftungen.

Besonders wichtig sind hier vor allem die öffentlich-rechtlichen und privaten Finanzinstitute und Versicherungen. Die Sparkassen vergeben jährlich 50 Prozent ihres Gewinnes an gemeinnützige Organisationen. Das geschieht in Form von Spenden, Sponsoring, Sparkassenstiftungen oder Förderfonds. Ähnlich großzügig sind die Genossenschaftsbanken, aber auch private Finanzinstitute.

Beispiele für Unternehmensfonds:

- Stiftung der Landesbank Baden-Württemberg (Aus-, Fort- und Weiterbildung, Natur- und Umweltschutz, Kunst und Kultur in Baden-Württemberg)
- VGH-Stiftung (Denkmalpflege, Bildende Kunst und Kultur in Niedersachsen)
- Stiftung MitMenschen der PSD Bank Hessen-Thüringen (Benachteiligte Jugendliche)
- Stiftung Kunst, Kultur und Soziales der Sparda Bank West (Kunst, Kultur, Soziales und Sport in Nordrhein-Westfalen)
- EKK-Stiftung (Fort- und Weiterbildungen von besonders begabten Nachwuchskräften der Kirche und Diakonie)
- Stiftung Nord/LB Öffentliche (Bildende Kunst, darstellende Kunst, Landesgeschichte, Literatur, Musik, Sport, Wissenschaft und Technik in Norddeutschland)

Förderprogramme von Verbänden und Kirchen

Wenn der Antragsteller einem Verband oder einer Kirche angehört, ergeben sich spezielle Fördermöglichkeiten. Viele Dachverbände haben für ihre Mitglieder eigene, spezielle Förderprogramme für bestimmte Themenbereiche. (z. B. Unterstützung der Professionalisierung von kleineren Trägern, Aufbau von neuen Themenfeldern oder internationale Kooperationen). Es ist immer wieder erstaunlich, dass viele dieser Programme bei den eigenen Trägern gar nicht bekannt sind.

Kennen Sie die Förderprogramme
Ihres eigenen Dachverbands?

Zusätzlich gibt es auf Landes- und Bundesebene oft eigene Ansprechpartner oder Referate für die Beantragung von Fördergeldern. Diese geben individuell Auskunft über die Fördermöglichkeiten für Projekte und unterstützen bei der Antragstellung. Das Know-how dieser Stellen ist meist sehr groß. Durch Kapazitätsengpässe kann die Qualität der Betreuung aber sehr unterschiedlich sein.

Für Gruppen, Initiativen und Projekte im kirchlichen Umfeld gibt es eigene Fördermöglichkeiten. Stiftungen und Förderfonds innerhalb der verfassten Kirchen haben häufig eine langjährige Tradition. Viele dieser Institutionen sind aber nur einem kleinen Kreis von Insidern bekannt, da häufig bewusst keine Öffentlichkeitsarbeit stattfindet. Dementsprechend ist meist auch nichts über die genauen Antragswege und Entscheidungsprozesse publik. Um an diese Gelder zu kommen, empfiehlt sich eine informelle Vorgehensweise über verschiedene Ansprechpartner und Hierarchiestufen in der kirchlichen Verwaltung.

Wichtig für eine Förderung ist meist ein direkter Bezug des Projekts zur örtlichen Kirchengemeinde, zum Dekanat oder zur Diözese. Angesichts dramatisch zurückgehender Kirchensteuereinnahmen haben vor allem Projekte mit direktem Bezug zu aktuellen kirchenpolitischen Themen eine gute Förderchance. Auf der Gemeindeebene können Sie versuchen, mit dem Geistlichen Spenden und Kollekten für das Projekt zu organisieren. Für internationale Projekte sind Anträge bei den großen Spendenwerken möglich.

Die wichtigsten Informationsquellen

Leider gibt es keine Datenbanken und Verzeichnisse, die sich speziell auf die Förderfonds konzentrieren. Nutzen Sie die allgemeinen Literaturangaben in Teil 7, die Internetlinks unter www.links.foerdermittelfuehrer.de, beobachten Sie genau Ihre regionalen Medien und recherchieren Sie im Internet.

Kapitel 10: Stufenweise Recherche

In diesem Kapitel:

- Die Schritte des Rechercheprozesses

Wie geht man nun bei der konkreten Recherche praktisch vor? Im ersten Schritt überprüfen Sie alle bestehenden Beziehungen zu Förderinstitutionen. Danach würde ich einen Blick auf die bekannten Fördermöglichkeiten in Ihrem Verband und bei den Soziallotterien werfen. Danach erfolgt dann die Recherche der regionalen Förderstiftungen und Zuschussfonds von Unternehmen. Abschließend kommt dann die Suche auf Landes-, Bundes- und ggf. auch internationaler Ebene.

Die Schritte des Rechercheprozesses

Checkliste 14: Stufen der Recherche

Bestehendes Fördernetzwerk
• Ist die Maßnahme attraktiv für die bisherigen Förderer?
• Ist die Maßnahme attraktiv für Förderer, die uns bereits kennen?
• Gibt es Fördermöglichkeiten durch den eigenen Verband oder kirchliche Strukturen?
• Passt die Maßnahme zu den Förderprogrammen der Soziallotterien?
Fördermöglichkeiten aus dem lokalen und regionalen Umfeld
• Fördermöglichkeiten oder Unterstützung durch die Kommune / regionale öffentliche Hand (Verwaltung, Entscheidungsgremien)
• Regionale Stiftungen
• Regionale Medienfonds
• Regionale Unternehmensfonds
Fördermöglichkeiten auf Landes- und Bundesebene
• Öffentliche Hand auf Landesebene (Ministerien, Landesstiftungen, öffentliche Förderfonds)
• EU-Strukturfonds (Europäischer Sozialfonds, Fonds für regionale Entwicklung, *LEADER*)
• Lotteriemittel auf Landesebene
• Öffentliche Hand auf Bundesebene (Ministerien, Bundesstiftungen, bundesweit tätige Förderstiftungen und Förderfonds)
Internationale Fördermöglichkeiten (Aktionsprogramme der EU; Internationale Stiftungen und Förderfonds)

Wie Sie die bei dieser Recherche gefundenen Programme genauer analysieren und dann mit der Antragstellung beginnen, erfahren Sie im nächsten Teil.

Teil 3: Dritter Schritt: der Antrag – die eigene Idee gezielt verkaufen

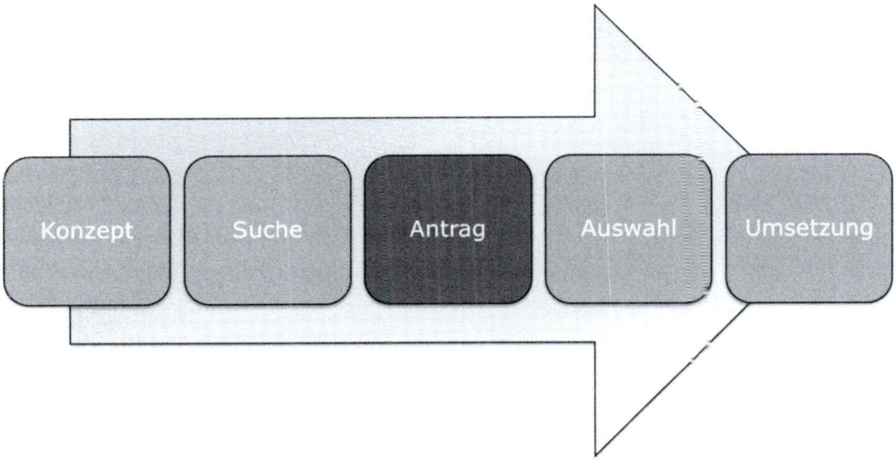

In diesem Teil:

Wussten Sie, dass im Durchschnitt nur 50 bis 75 Prozent aller Förderanträge inhaltlich geprüft werden? Das liegt daran, dass viele Antragsteller bestimmte Mindeststandards nicht einhalten. Ich führe Sie sicher durch das Gestrüpp der Formalien, Vorgaben und Kriterien – insbesondere beim Budgetplan.

Kapitel 11: Passt das zusammen? – Analyse der Ausschreibungen

In diesem Kapitel

- Überprüfung der kritischen Rahmenbedingungen
- Weiche Faktoren – Können wir miteinander?
- Die unterschätzte Hürde: formale Vorgaben
- Hilfreiche Informationsquellen

Spätestens jetzt macht sich die Arbeitszeit bezahlt, die Sie in Ihr Konzept gesteckt haben. Sie können nun die Kriterien der Ausschreibung mit den Eigenschaften und Rahmenbedingungen ihres Konzepts abgleichen. Für diesen Abgleich empfiehlt sich eine bestimmte Reihenfolge:

- Kritische Rahmenbedingungen der Ausschreibung
- Formale Vorgaben
- Sogenannte „weiche" Bedingungen einer Zusammenarbeit

Überprüfung der kritischen Rahmenbedingungen

Bei Ihrer Suche haben Sie eine Reihe von Förderausschreibungen gefunden, die grundsätzlich für die Unterstützung Ihres Vorhabens infrage kommen. Aus Effizienzgründen sollten Sie diese zuerst grob vorsortieren. Erst im zweiten Schritt nehmen Sie die erfolgversprechenderen Ausschreibungen genau unter die Lupe.

Gibt die Institution überhaupt Fördermittel an externe Antragsteller?

Die Frage klingt zunächst trivial. Wenn Sie sich aber auf den Internetseiten vieler Stiftungen und Institutionen umsehen, werden Sie feststellen, dass das nicht immer so offensichtlich ist. Ich habe schon häufiger in einem Verzeichnis eine Förderstiftung gefunden, die von Zielgruppe und Thema her genau zu einem Projekt gepasst hätte, von der sich aber nach einiger Recherche herausstellte, dass sie ausschließlich etablierte Partner (z. B. den kirchlichen Kindergarten vor Ort) unterstützt.

> Ist die mögliche Fördersumme
> überhaupt relevant für Ihr Projekt?

Da viele Förderinstitutionen sehr klein sind, sollten Sie überlegen, ob Ihnen wirklich geholfen ist, wenn Sie einen Zuschuss von beispielsweise 500 Euro erhalten. Für ein kleineres Projekt ist das vielleicht eine große Hilfe, in den meisten Fällen stehen hier Aufwand und Ertrag aber in keinem guten Verhältnis. Leider ist nicht immer transparent, in welcher Größenordnung tatsächlich gefördert wird. Sehen Sie sich dazu am besten die in der Vergangenheit von der Institution geförderten Projekte an oder werfen Sie einen Blick in die Jahresberichte. So bekommt man meist einen guten Eindruck von der Finanzkraft der Förderinstitution und kann sich ggf. viel Antragsarbeit sparen.

> Ist das Förderprogramm
> regional ausgerichtet?

70 Prozent aller Förderprogramme sind regional eingeschränkt. Auch über diese Vorgabe lassen Förderer nicht mit sich reden. Es lohnt sich also zu prüfen, ob der Standort der geplanten Aktivitäten (und nicht etwa nur der Sitz des Rechtsträgers!) wirklich im geografischen Fördergebiet liegt.

Antragsverfahren – Fristen, Zielgruppen und Inhalte

Eine der wichtigsten Einschränkungen für potenzielle Förderprojekte sind die Antragstermine.

Bei einigen Förderquellen ist die Antragstellung fortlaufend möglich. Andere (z. B. Bundes- und Landesministerien) bieten teilweise nur einen einzigen Termin im Jahr. Meist liegt das daran, dass die Entscheidungsgremien viele externe Mitglieder haben und zu festen Terminen tagen.

Wenn es nur einen oder wenige Antragstermine gibt, kommt es darauf an, möglichst früh von den geplanten Ausschreibungen zu erfahren und das Konzept schon weitgehend fertig zu haben.

> Planen Sie unbedingt
> ausreichend Zeit ein!

Für die Bearbeitung der eingegangenen Anträge, die Entscheidung und die darauf folgenden Verwaltungsprozesse müssen Sie ausreichend Zeit einplanen. Mit sehr viel Glück vergehen nur etwa drei Monate zwischen Antragstellung und Projektbeginn, in der Regel sind es aber sechs Monate und mehr. In

Bereichen mit Antragsstau (z. B. bei bestimmten Wohlfahrtsverbänden oder bei den Soziallotterien) können manchmal sogar Jahre vergehen.

Bereits begonnene Projekte werden in der Regel nicht gefördert!

Oft wird in der Ausschreibung ein konkreter Termin genannt, an dem die geförderten Projekte frühestens starten dürfen. Denken Sie daran, dass in der Regel die Förderung von bereits begonnenen Aktivitäten ausgeschlossen ist!

Checkliste 15: Raster für die Vorauswahl potenzieller Förderpartner

Steht die Förderinstitution externen Partnern grundsätzlich offen?
Sind die verfügbaren Fördermittel relevant?
Finden die geplanten Aktivitäten im geografischen Fördergebiet statt?
Lässt sich das Vorhaben den zeitlichen Vorgaben für die Antragstellung und dem frühestmöglichen Maßnahmenbeginn anpassen?
Passen Zielgruppen und Themen zur Ausschreibung?
Passen das Selbstverständnis und die Werte zusammen?

„Weiche" Faktoren – können wir miteinander?

Die Zielgruppen und Themen der Ausschreibung müssen mit Ihrem Vorhaben übereinstimmen.

Passen Zielgruppen und Themen der Ausschreibung zu Ihrem Projekt?

Dabei bleibt oft ein gewisser Interpretationsspielraum. Wenn ein Förderer Aktivitäten von Kindern unterstützt, kann ein Projekt für sozial benachteiligte Eltern durchaus im Förderrahmen liegen. Wenn eine Stiftung aber ausschließlich reformpädagogische Konzepte im Vorschulbereich fördert, muss ich mich mit einen naturwissenschaftlichen Projekt für Gymnasiasten nicht bewerben, auch wenn sich die Stiftung als Bildungsförderer positioniert.

Vertragen sich Selbstverständnis, Werte und Außenwirkung der Förderpartner miteinander?

Die potenziellen Förderpartner müssen auch von ihrem Selbstverständnis, ihren Werten und ihrer Außenwirkung her zusammenpassen.

Es kann gut sein, dass Ihr Vorhaben alle zeitlichen, geografischen und inhaltlichen Voraussetzungen einer Fördermittelausschreibung erfüllt und auch die Fördersumme attraktiv ist. Trotzdem entscheiden Sie selbst, dass Sie von dieser Institution nicht gefördert werden möchten.

Manche Mitglieder einer Umwelt- und Klimaschutzinitiative hätten wahrscheinlich Probleme damit, wenn ihre Arbeit von der Stiftung eines großen konventionellen Energiekonzerns gefördert würde. Kirchliche Förderer erwarten eine passende konfessionelle Ausrichtung der geförderten Partner. Andere Institutionen fordern bei den von ihnen geförderten Projekten erhebliche Mitwirkungs- und Mitspracherechte.

Machen Sie sich bewusst, dass eine Förderbeziehung immer Auswirkungen auf das Projekt hat – nach innen und in der Außenwirkung. Wie im sozialen Leben sollte man die Auswahl von Partnern mit Bedacht treffen.

Die unterschätzte Hürde – formale Vorgaben

Referenten von Förderinstitutionen nennen immer wieder eine erstaunlich hohe Quote von Anträgen, die aus formalen Gründen nicht gefördert werden können. Es ist für alle Beteiligten das Ärgerlichste, wenn die Arbeit von Monaten aus formalen Gründen umsonst war.

25 bis 50 Prozent aller Förderanträge scheitern an formalen Kriterien!

Die Vielfalt der Förderlandschaft drückt sich auch in einer Vielfalt von formalen Vorgaben für eine Förderung aus. Diese Vorgaben müssen eingehalten werden, damit eine Antragstellung überhaupt Sinn hat. Wir können hier nicht alle möglichen Kombinationen von Vorgaben durchspielen. Aber mit der folgenden Checkliste sollten Ihnen keine formalen Vorgaben „durchrutschen“.

Checkliste 15: Prüfung der formalen Vorgaben einer Ausschreibung

Der Antragsteller und seine Partner	Nicht relevant	Geforderte Ausprägung
Rechtlicher Status (z. B. keine Einzelperson)		
Mitgliedschaft in best. Dachorganisationen		
Profit- oder Non-Profit-Ausrichtung		
Sitz der Organisation (Ort, Region, Land)		
Alter der Organisation		
Mindestqualifikation der Mitarbeiter		
Nachweisbare Vorerfahrungen		
Größe (Anzahl Mitarbeiter, Klienten, Kunden, Umsatz)		
Außenvertretung		
Sonstige Kriterien		
Projekteigenschaften		
Anzahl der Partner		
Rechtlicher Status der Partner		
Nachweisbare Eigenmittel		
Kofinanzierung oder ausschließliche Finanzierung		
Ausschluss einer öffentlichen Finanzierung		
Feste Förderzusagen		
Termine und Dauer		
Externe Überwachung und/oder		

Evaluierung		
Sonstige Kriterien		

Was ist nun zu tun, wenn Sie bestimmte Vorgaben nicht erfüllen können? Überlegen Sie, ob es nicht möglich ist, eine kreative Lösung zu finden. Nehmen wir an, Sie sind als Non-Profit-Organisationen in öffentlicher Trägerschaft von der Antragstellung grundsätzlich ausgeschlossen. In einem solchen Fall kann der Antrag möglicherweise durch einen freien Träger als Kooperationspartner erfolgen. Das ist eine völlig legitime Vorgehensweise, mit der wir sehr gute Erfahrungen gemacht haben. Voraussetzung dazu ist natürlich ein entsprechendes Netzwerk.

Hilfreiche Informationsquellen

Neben den eigentlichen Förderausschreibungen können die folgenden Informationsquellen zum Verständnis einer Institution hilfreich sein:

- Satzung/Vision/strategische Zielsetzung
- Themen und Ziele der Öffentlichkeitsarbeit
- Struktur der Programmbereiche
- Jahres-/Tätigkeitsberichte
- Berichte über Beispielprojekte

Kapitel 12: Da kann man nicht nein sagen – der überzeugende Antrag

In diesem Kapitel

- Wie es euch gefällt – verschiedene Antragsarten
- Erst fragen, dann schreiben
- Perspektivenwechsel: Wer liest das eigentlich?
- Die drei Elemente des Antrags
- Prägnantes Anschreiben
- Vollständiger Antrag
- Ergänzende Anlagen
- Die letzte Hürde – Antragsabgabe

Nach den notwendigen Vorarbeiten, die in der Praxis häufig mehrere Wochen und Monate dauern, kommt nun die Kernaufgabe, die Formulierung des Förderantrags.

Wie es euch gefällt – verschiedene Antragsarten

Oft ist das Antragsverfahren zweistufig. Dann müssen Sie im ersten Schritt nur eine Projektskizze einreichen.

Die Robert Bosch Stiftung verlangt z. B. grundsätzlich in allen Förderbereichen im ersten Schritt eine zweiseitige Zusammenfassung der Projektidee und prüft diese vor: Erst wenn man ein überzeugendes Kurzkonzept vorlegen konnte, muss man sich an die Arbeit für den „großen" Antrag machen. Aus meiner Sicht ist das sehr positiv, weil es den Arbeitsaufwand auf beiden Seiten reduziert. Gefährlich ist es allerdings eine Skizze einzureichen, wenn das Vorhaben noch nicht wirklich vollständig durchdacht und konzeptionell abgeschlossen ist. Das kann beim umfassenden Antrag zu Schwierigkeiten führen, wenn auf einmal der Zeitrahmen, die Teilprojekte oder der Förderrahmen stark geändert werden müssen.

> Oft wird zuerst ein Kurzkonzept verlangt.

In welcher Form ein Antrag gestellt werden soll, kann sehr unterschiedlich geregelt sein, es wird aber immer die Schriftform notwendig sein. Die meisten Förderinstitutionen mit festen Förderprogrammen und einem größeren Fördervolumen stellen Antragsformulare zur Verfügung.

Die Formulare können aus einem einfachen Worddokument bestehen, in das man seine Angaben einfügt. Zunehmend werden aber auch PDF-Formulare verwendet. Diese lassen sich mit bestimmten Funktionen versehen: Beispielsweise kann die Anzahl von Zeichen in den Antwortfeldern begrenzt sein, Felder können auf Vollständigkeit geprüft werden und es können sogar komplexe Berechnungsformeln hinterlegt werden, mit denen die eingetragenen Zahlenwerte automatisch verarbeitet (und z. B. pauschale Zuschüsse berechnet) werden.

Bestimmte Förderprogramme mit einem hohen Antragsvolumen werden auf Internetdatenbanken abgewickelt.

So sind bei der Soziallotterie Aktion Mensch seit einigen Jahren nur noch Online-Anträge möglich. In der Praxis hat das viele Vorteile, weil mehrere Personen gleichzeitig auf die gleiche Version eines Antrags zugreifen und gemeinsam daran arbeiten können. Auch die Antragsabgabe erfolgt online. Da es aber noch keine Standards für elektronische Signaturen gibt, muss parallel immer auch ein ausgedruckter, persönlich unterschriebener und gestempelter Antrag per Post eingereicht werden.

Bei Online-Anträgen muss immer ein gesonderter Antrag auf Papier mit allen erforderlichen Unterschriften eingereicht werden.

Einige Förderer verzichten aber auch bewusst auf Formulare. Umso wichtiger ist es dann zu prüfen, welche Inhalte bei einem solchen formlosen Antrag erwartet werden.

Auch bei einem formlosen Antrag sind Sie in der Gestaltung nicht frei!

Beispielsweise stellt die Stiftung der Software AG folgende Bedingungen:

„Informationen für Antragsteller der Software AG-Stiftung: Wir fördern aufgrund eines formlosen, schriftlichen Antrags. Alle Anträge enthalten folgende Informationen:

- *Bezeichnung des Projektträgers/Antragstellers mit Rechtsform*
- *die vertretungsberechtigten Personen*
- *Satzung bzw. Gesellschaftsvertrag*

- *unbeglaubigter Registerauszug (Vereinsregister, Handelsregister)*
- *ggf. Angabe zur Mitgliedschaft in einem Dachverband*
- *Nachweis der Gemeinnützigkeit bzw. Mildtätigkeit (in der Regel Kopie des Freistellungsbescheids)*
- *Kurzbeschreibung des Trägers und seiner Arbeit*
- *Bankverbindung*
- *Letzter Jahresabschluss (Bilanz, Einnahme-Überschussrechnung) mit Vergleichszahlen des Vorjahres*
- *In Bezug auf das Projekt sollte Ihr Antrag Informationen enthalten, die uns ein genaues Bild der geplanten zu fördernden Maßnahme ermöglichen:*
- *Inhaltliche Beschreibung des Projekts. Das Projekt hat eine in die Zukunft gerichtete Maßnahme zum Ziel. Inhalte und Ziele müssen sich mit unseren Förderbereichen vereinbaren lassen*
- *Zeitplan des Projekts*
- *vollständiger und plausibler Kosten- und Finanzierungsplan:*
  - *mit Nachweis von Eigenmitteln*
  - *mit begründetem Kostennachweis*“

Erst fragen, dann schreiben

Ich empfehle grundsätzlich, vor der Ausarbeitung eines Antrags Kontakt zur Förderorganisation aufzunehmen.

In der Regel freuen sich die Ansprechpartner, wenn sie behilflich sein können. Klären Sie mit ihnen alles, was Sie an der Ausschreibung nicht auf Anhieb verstanden haben oder wobei Sie noch unsicher sind.

- Sie erfahren, ob ein Antrag überhaupt Sinn hat und ob es offene oder verdeckte Ausschlusskriterien gibt
- Sie erhalten Informationen über die augenblickliche Antragssituation
- Sie gewinnen zusätzliche Informationen über die Rahmenbedingungen eines Antrags
- Sie finden einen persönlichen Ansprechpartner und bauen eine Beziehung zu ihm auf

Ich habe auf diesem Weg immer wieder hilfreiche Tipps bekommen, die in den Ausschreibungsunterlagen nicht zu finden waren. Folgende Kommunikationswege stehen ihnen offen:

- Persönlicher Kontakt (hat sicher die stärkste Wirkung, ist aber nur im Ausnahmefall möglich)
- Telefonischer Kontakt (ist unaufwendig, hat sehr persönlichen Charakter und verursacht auch beim Angerufenen relativ wenig Aufwand)
- E-Mail (flexibel, verbindlicher als das Telefon, Gefahr der „Schludrigkeit" bei der Formulierung, zusätzlich geeignet zur Ergebnissicherung in Form einer Zusammenfassung eines Telefongesprächs)
- Brief (hat förmlichen Charakter und hohe Verbindlichkeit, ist relativ aufwendig in der Bearbeitung)

Grundregel: Beachten Sie, welche Kommunikationswege die Ansprechpartner beim potenziellen Förderer bevorzugen.

Die Kontaktaufnahme sollte gut vorbereitet sein. Es ist schon sehr peinlich, wenn man Fragen stellt, die man mit einem Blick in die Ausschreibung sofort selbst beantworten könnte. Sie sollten sich Ihre Konzeption bereitlegen und überlegen, wie Sie Ihr Vorhaben mit drei oder vier Sätzen anschaulich darstellen können. Auch wenn Ihr Gesprächspartner Sie bittet, doch schnell mal eine Projektskizze zu e-mailen, sollte Sie das nicht in Verlegenheit bringen. Zur Vorbereitung des Erstkontakts können Sie die folgende Checkliste nutzen.

Checkliste 16: Vorbereitung des mündlichen Erstkontaktes

Welche Person in Ihrer Organisation ist am besten für den Erstkontakt geeignet? (kommunikative Fähigkeiten, Bekanntheit oder bestehende Beziehungen zur Förderinstitution)
Genaue Analyse der verfügbaren Informationen über die Förderorganisation, die Ausschreibung und die Ansprechpartner
Mindestens zwei bis drei Fragen vorbereiten (am besten inhaltlicher Art)
Kurzanschreiben mit Projektskizze bereithalten (maximal eine Seite!)
Immer ein guter Start: Gesprächseröffnung über Empfehlung oder Referenz

Perspektivenwechsel: Wer liest das eigentlich?

Bevor wir nun an die eigentliche Ausarbeitung des Antrags gehen, sollten wir uns klarmachen, welche Menschen unsere Texte lesen werden. Drei Gruppen von Lesern lassen sich unterscheiden.

Bei allen drei Lesergruppen wollen Sie neben der inhaltlichen Darstellung des Projekts die folgenden Ziele erreichen:

- Begeisterung für Ihr Vorhaben
- Nachweis der eigenen Kompetenz
- Aufbau eines Vertrauensverhältnisses
- Offenheit und Transparenz signalisieren

Der Formalist

Seine Aufgabe ist herauszufinden, ob der Antrag alle formalen Vorgaben der Ausschreibung erfüllt. Er interessiert sich also vor allem für die harten Fakten. Es ist ihm ein Gräuel, wenn er sich dabei durch seitenlange Fließtexte mit kunstvoll verwobenen Satzkonstruktionen kämpfen muss, deren Sinn sich erst nach dreimaligem Durchlesen erschließt.

Der Experte

Das ist die Fachfrau oder der Fachmann für den thematischen Schwerpunkt der Ausschreibung. Er prüft, ob das Konzept auch in den Details fachlich schlüssig ist, die Ziele realistisch sind und der Budgetplan nachvollziehbar ist. Wenn er den Eindruck bekommt, dass man großes persönliches Engagement und Herzblut in das Vorhaben investiert, kann man Pluspunkte sammeln. Er wird sich sicher auch ein Bild davon machen, ob man Ihrer Organisation aufgrund der vorhandenen Erfahrungen und Kompetenzen die Projektumsetzung zutrauen kann. Da er viele Konzepte in begrenzter Zeit bewerten muss, freut er sich über einen leserfreundlichen Text.

Der Entscheider

Oft gibt es mehrere Entscheider: Ihr Kreis umfasst sowohl Experten als auch honorige Persönlichkeiten, die ihre Aufgabe nicht selten ehrenamtlich ausüben. Das Konzept muss also auch für fachfremde Leser leicht verständlich sein. Sie müssen in einer prägnanten Zusammenfassung deutlich machen, was Ihr Vorhaben von denen der Konkurrenz abhebt.

Machen Sie es dem
Leser leicht!

Wenn Sie an Ihren Anträgen arbeiten, sollten Sie versuchen, sich regelmäßig in die Situation der Leser zu versetzen. Gerne lasse ich meine Anträge zuerst von einem am Projekt unbeteiligten Kollegen lesen, der dabei in die Rolle eines Mitarbeiters der Förderinstitution schlüpft.

Alle drei Lesergruppen stehen vor der gleichen Herausforderung: Sie müssen in sehr begrenzter Zeit eine Vielzahl von Anträgen bearbeiten und beurteilen.

Machen Sie es Ihren Lesern so leicht wie möglich, die Inhalte zu verarbeiten und die notwendigen Informationen zu finden.

Beachten Sie dazu die Grundsätze für den Schreibstil und die Struktur der Antragstexte in folgender Checkliste.

Checkliste 18: Textstruktur und Schreibstil des Antrags

Strukturieren Sie die Texte mit Absätzen, Zwischenüberschriften und Aufzählungen mit Spiegelstrichen
Halten Sie sich an die Vorgaben für den Umfang
Formulieren Sie in kurzen, schnell verständlichen Sätzen
Formulieren Sie selbstbewusst, kompetent und partnerschaftlich, aber nicht überheblich
Lassen Sie das große persönliche Engagement der Beteiligten spüren
Nutzen Sie Fachbegriffe sparsam, der Text muss wahrscheinlich auch von Laien gelesen und verstanden werden
Rechtschreib- und Grammatikfehler zerstören jeden professionellen Eindruck

Die drei Elemente des Antrags

Der Förderantrag besteht gewöhnlich aus mindestens drei Teilen:

- Das Anschreiben dient dem Beziehungsaufbau, fasst das Projekt knapp zusammen und stellt das Alleinstellungsmerkmal heraus
- Der Projektantrag dient der Darstellung der Kompetenzen der Organisation, beinhaltet die detaillierte Projektbeschreibung und Planung

- Die Anlagen enthalten die angeforderten Belege

Das Anschreiben

Das Anschreiben wird vom Gutachter meist nur kurz wahrgenommen, vermittelt aber einen ersten (hoffentlich positiven) Eindruck.

Erst wenn der Projektantrag und die Anlagen genauer geprüft wurden, wird das Anschreiben noch mal in die Hand genommen. Deshalb sollte es dem Gutachter eine prägnante Zusammenfassung bieten.

Checkliste 19: Inhalte des Anschreibens

Kriterium	Erfüllt
Bezug auf den Erstkontakt oder die Empfehlung nehmen	
Die Motivation darstellen, sich bei der angeschriebenen Stiftung zu bewerben	
Kurzbeschreibung: Projekttitel, Ziele und Lösung	
Alleinstellungsmerkmal des Antragstellers und seines Projekts	
Nennung der Kontaktperson des Antragstellers	
Umfang: maximal eine Seite	
Exaktheit bei Namen und Schreibweisen	

Beispiel für ein Anschreiben

Sehr geehrte Frau Müller,

herzlichen Dank für das nette und sehr aufschlussreiche Telefongespräch von letztem Mittwoch. Wie besprochen sende ich Ihnen unseren Förderantrag für das Projekt „Nächste Ausfahrt Durchblick – neue Ausbildungschancen für unseren Stadtteil“. Mit unserem Vorhaben möchten wir mindestens 30 Jugendlichen mit sozialer Benachteiligung und ohne Schulabschluss eine konkrete neue Lebensperspektive durch den Abschluss einer Berufsausbildung ermöglichen.

Wir wenden uns an Ihre Stiftung, weil Sie als regionaler Förderer von Kinder- und Jugendprojekten die gleichen Ziele wie wir verfolgen. Wir würden uns über eine Zusammenarbeit sehr freuen.

Gerne laden wir Sie dazu ein, unsere Organisation persönlich kennen zu lernen.

Mit herzlichen Grüßen

Der Projektantrag

Wenn für den Projektantrag Formulare vorgegeben sind, müssen Sie sich einfach von Formularfeld zu Formularfeld durcharbeiten.

Beachten Sie dabei ggf. vorgegebene maximale Zeichenzahlen, auch wenn es manchmal schwer fällt, alles unterzubringen, was man für wichtig hält. Es ist aber schon vorgekommen, dass ein Antrag Punktabzüge bekommen hat, weil solche Vorgaben nicht eingehalten wurden. Wenn das Formular für bestimmte Fragen sehr viel Platz bietet, sollten Sie mit Zwischenüberschriften oder Absätzen die Lesefreundlichkeit verbessern.

Bei ausführlichen Anträgen hat man oft den Eindruck, dass sich bestimmte Fragen (in unterschiedlicher Formulierung) wiederholen. Gehen Sie davon aus, dass die Förderinstitution damit unterschiedliche Informationen gewinnen möchte. Auf keinen Fall sollten Sie auf eine frühere Antwort verweisen oder diese kopieren. Vielmehr müssen Sie versuchen, in der Ausschreibung herauszufinden, was sich hinter den Fragen verbirgt. Wenn Sie dabei nicht weiterkommen, nehmen Sie Kontakt zu den Mitarbeitern des Förderers auf und fragen Sie nach.

Bei ähnlichen Fragen in Formularen nie eine frühere Antwort kopieren oder auf sie verweisen!

Viel schwieriger ist es, wenn der Antrag formlos erfolgen soll. Dann müssen Sie selbst eine Struktur entwickeln und sich für einen Umfang entscheiden. Zum Glück geben Förderinstitutionen, die formlose Anträge bevorzugen, trotzdem Hinweise darauf, welche inhaltlichen Punkte in welchem Umfang dargestellt werden sollen. Machen Sie sich klar, dass keine Doktorarbeit verlangt ist, sondern eine überzeugende, möglichst knappe Projektdarstellung.

Die folgende Checkliste kann eine Hilfe sein, die richtige Struktur für Ihren „formlosen“ Antrag zu finden. Ergänzen Sie diese aber um die spezifischen Vorgaben der Ausschreibung!

Checkliste 20: Gliederungsvorschlag für einen formlosen Antrag

Zusammenfassung
• Titel (knapp und aussagekräftig)

• Kurzbeschreibung/Zusammenfassung
• Zielgruppe und Bedarf
• Projektziele
• Projektplan und Umsetzung
• Alleinstellungsmerkmal
Informationen über den Antragsteller
• Ansprechpartner und Kontaktdaten
• Fakten und Zahlen (rechtlicher Status, Größe, Arbeitsschwerpunkte)
• Kompetenzen und Erfahrungen (Personen und Organisation)
• Geschichte und Selbstverständnis
• Empfehlungen und Referenzen
• Nennung und Beschreibung eventueller Kooperationspartner
Detailinformationen über das Projekt
• Ausgangslage und Motivation für das Projekt
• Rahmenbedingungen und öffentliches Interesse
• Zielbeschreibung
• Zielgruppen und deren Bedarf
• Projektidee und methodischer Ansatz
• Träger des Projekts (kann vom Antragsteller abweichen!)
• Nachhaltigkeit
• Alleinstellungsmerkmal
Projektplan (Verantwortlichkeiten, Steuerung, Prozesse)
• Verantwortlichkeiten , Steuerung, Monitoring

• Zeitplan (Beginn, Meilensteine, Abschluss)
• Öffentlichkeitsarbeit
• Sicherung der Nachhaltigkeit
• Qualitätssicherung im Projekt
• Evaluation (Zwischen- und Abschlussevaluation)
• Veröffentlichung der Ergebnisse, Übertragung auf Folgeprojekte
Budgetplan
• Ressourcenplan (Personal, Organisation, Infrastruktur, Ort, Finanzen)
• Einnahmen
• Ausgaben und Finanzierungsbedarf

Auf den Budgetplan als Teil des Antrags gehe ich in Kapitel 12 ein.

Die Anlagen

Anschreiben und Antrag werden meist durch Anlagen ergänzt. Ihr Umfang und die Form sind in der Regel genau definiert.

Die vollständige und richtige Zusammenstellung der Anlagen ist eine weitere formale Anforderung, die leider immer wieder missachtet wird. Viele Gutachter sind verärgert, wenn sie sich durch einen Wust von unstrukturierten und unnötigen Anlagen kämpfen müssen und andererseits wichtige Dokumente fehlen. Hunderte von Förderanträgen sind abgelehnt worden, weil kein aktueller Vereinsregisterauszug beigelegt war. Es gibt auch immer wieder Antragsteller, die nicht die geforderte Anzahl Kopien einreichen, sondern davon ausgehen, dass ein Exemplar genügt und sich andernfalls doch die Mitarbeiter der Förderinstitution an den Kopierer stellen sollen. Es gibt kaum einen schnelleren Weg, seinen mühevoll zusammengestellten Antrag auf dem Stapel „Formalien nicht eingehalten“ landen zu lassen. Damit das nicht passiert, hier unsere Checkliste:

Checkliste 21: Anlagen zum Projektantrag

Sind alle geforderten Dokumente vorhanden?

Sind die Anlagen in der richtigen Form vorhanden (z. B. Originale, Beglaubigung, Kopien)?
Sind unnötige Dokumente entfernt worden?
Entspricht die Anzahl der Kopien den Vorgaben?
Sind die Kopien leserlich?

Die letzte Hürde – Antragsabgabe

Planen Sie
Pufferzeit ein!

Die endgültige Fertigstellung eines Förderantrag dauert fast immer länger, als ursprünglich geplant. Daher plane ich bei meinen eigenen Projekten möglichst eine bis zwei Wochen Pufferzeit vor dem letztmöglichen Antragstermin ein. In der Praxis ist der Antrag dann meist doch erst drei oder vier Tage vor der Deadline fertig. Das liegt an folgenden Aufgaben, die meist mit erheblichem Zeitaufwand verbunden sind:

- Interne und externe Beschaffung aller notwendigen Unterlagen
- Beschaffung von Beglaubigungen und offiziellen Bestätigungen
- Beschaffung der Unterschriften der Berechtigten
- Absprachen und Vereinbarungen mit Kooperationspartnern
- Eruierung der notwendigen Daten für den vollständigen Budgetplan
- Notwendige Rückfragen bei der Förderinstitution
- Bei der Online-Antragstellung kann es manchmal auch zu technischen Problemen, z. B. durch die Überlastung der Antragsserver kommen.

Kontrollieren Sie in der Ausschreibung auch noch einmal die Definition des letztmöglichen Antragstermins. Gilt er für den Poststempel oder den Posteingang?. Muss nur der Online-Antrag zum Stichpunkt da sein, oder der dazugehörige postalische Antrag, oder beides? Gehen Sie davon aus, dass die Förderinstitution bei diesen Terminvorgaben keinerlei Spielraum hat! Leider scheitern hunderte von Anträgen an dieser letzten Hürde.

Damit Sie ruhig schlafen können, empfehle ich Ihnen, Ihren Antrag immer per Einwurfeinschreiben aufzugeben, dann können Sie im Internet die rechtzeitige Abgabe nachverfolgen und haben auch einen Nachweis, falls der Poststempel nicht lesbar ist. (Einen solchen Nachweis hat schon zweimal eine Förderinstitution von mir verlangt.) Bei der Online-Antragstellung sollten Sie immer automatisch eine Bestätigung per E-Mail erhalten. In der Regel erhalten Sie innerhalb von vier bis sechs Wochen auch eine schriftliche Bestätigung, dass ihr Antrag eingegangen ist.

Kapitel 13: Der transparente Budgetplan

In diesem Kapitel

- Grundregeln für den Budgetplan
- Die Einnahmeseite
- Die Ausgabenseite

Angesichts der Unsicherheitsfaktoren vieler Projekte ist die Erstellung eines vollständigen und realistischen Budgetplans auch für den erfahrenen Fördergeldexperten eine Herausforderung. Besonders dann, wenn Sie mit Ihrem Förderprojekt einen neuen methodischen Ansatz erproben möchten und Neuland betreten, ist es nicht immer einfach, alle Kosten und Einnahmen genau zu schätzen. Holen Sie sich daher fachliche Unterstützung, z. B. aus ihrem Finanz- und Buchhaltungsbereich.

Grundregeln für den Budgetplan

Für einen soliden Budgetplan müssen die Einnahmen und Ausgaben getrennt beschrieben werden. Die beantragten Mittel werden als Differenz zwischen Einnahmen und Ausgaben dargestellt.

Manchmal werde ich in Seminaren gefragt, ob man bei der Budgetplanung eher großzügig sein soll, um ggf. anfallende kategorische Kürzungen abzufangen oder ob es von Vorteil ist, ein möglichst günstiges Angebot zu machen, um ggf. billiger als die Konkurrenz zu sein.

In der Realität werden etwa gleich viele Förderanträge wegen zu hoher Budgets abgelehnt, wie wegen zu niedriger Kostenansätze.

Beim Ansatz der einzelnen Ein- und Ausgabenposten und der Zusammenstellung des Gesamtbudgets sollten Sie die folgenden Richtlinien beachten:

Checkliste 22: Grundregeln für den Budgetplan

Orientieren Sie sich bei allen Posten an den branchenüblichen Vergleichswerten.
Berücksichtigen Sie eventuelle Vorgaben des Förderers für die direkten Personalkosten (z. B. Tarifstaffel des TVÖD), die Maximalsätze für externe Mitarbeiter (Referenten, Berater) und die Möglichkeiten, ehrenamtliche Arbeit (z. B. in Form von Pauschalen) zu berücksichtigen.

Prüfen Sie, inwieweit Personal, Sachmittel und Infrastruktur unentgeltlich für das Vorhaben genutzt werden können und welche Kosten anfallen würden, wenn man diese nicht umsonst nutzen könnte. Wie lässt sich dadurch der Eigenanteil erhöhen?
Können Sachinvestitionen durch Mieten, Leasen oder Sachspenden reduziert werden?
Wie hoch ist das Risiko, dass einzelne Budgetansätze nicht eingehalten werden und lässt sich dafür eine nachvollziehbare Reserve einplanen?
Erstellen Sie ein „Worst case"-Szenario. Welche Kosten entstehen im schlechtesten Fall und wie können Sie dieses Risiko abfangen?
Die bei der Förderinstitution beantragten Mittel werden als Differenz von Einnahmen und Ausgaben dargestellt.

Elemente der Einnahmeseite

Da eine Vollfinanzierung durch den Förderer in der Regel ausgeschlossen ist, werden auf der Einnahmeseite mehrere Posten stehen.

Auch bei gemeinnützigen Aktivitäten sollte man zuerst genau prüfen, ob es nicht möglich ist, Einnahmen zu generieren. Das können bei kulturellen Veranstaltungen Eintrittsgelder sein und bei Qualifizierungsmaßnahmen oder sozialen Dienstleistungen die Eigenbeiträge der Teilnehmer und Klienten. Vielleicht lässt sich die Projektdokumentation als Fachbuch vermarkten oder die gewonnenen Konzepte und Erfahrungen können in Form von kostenpflichtigen Seminaren und Tagungen verbreitet werden.

Vielleicht haben Sie bereits Förderanträge an mehrere Institutionen gestellt und entsprechende Förderzusagen erhalten. Diese müssen ebenfalls auf der Einnahmeseite verzeichnet werden.

Fast alle Förderprogramme fordern einen angemessenen Eigenbeitrag des Antragstellers zum Projekt. Meist liegt er zwischen 25 und 50 Prozent der Gesamtkosten. Wenn Sie eine höhere Eigenleistung als verlangt aufbringen können, wird das in der Regel zu Ihren Gunsten sprechen. Manche Institutionen nennen einen festen Höchstfördersatz, andere fordern einen „substanziellen Eigenbeitrag". Im Zweifelsfall empfiehlt sich auch hier eine direkte Kontaktaufnahme.

Die Höhe der Eigenbeteiligung wird als Ausdruck des eigenen Engagements für das Vorhaben bewertet.

Den meisten Organisationen fällt es leichter, vorhandene Sach- und Personalmittel in ein Projekt einzubringen, als Finanzmittel. Daher wird man immer versuchen, die nicht-monetären Beiträge des Antragstellers und seiner Kooperationspartner auf der Einnahmeseite zu berücksichtigen. In vielen Fällen ist das vonseiten der Förderinstitution auch möglich, die Details sind meist in der Ausschreibung definiert. Orientieren Sie sich dabei aber immer an den branchenüblichen Vergleichskosten. Zu beachten ist insbesondere bei Personalkosten, dass Sie die Mitarbeiter im Förderprojekt häufig auch formell (z. B. als Zusatz zum Arbeitsvertrag) für die Projektarbeiten freistellen müssen. Geübten Antragstellern gelingt es so, den Eigenanteil fast vollständig abzudecken.

Orientieren Sie sich beim Einsatz von Sach- und Personalmitteln als Einnahmen immer an den branchenüblichen Vergleichskosten!

Vielleicht haben Sie zusätzlich auch noch weitere Spenden- und Sponsorenbeiträge für das Projekt gesammelt, die Sie als Eigenmittel ansetzen können. Berücksichtigen Sie bei der Zusammenstellung der Einnahmeseite die folgende Checkliste:

Checkliste 23: Vollständige Erfassung der Einnahmeseite

Eigenmittel
• Bereits vorhandene Geldmittel
• Spenden
• Mittel aus dem regulären Haushalt
• Geldwert von Arbeitseinsatz (haupt- und ehrenamtlich), Infrastruktur (z. B. Räumlichkeiten), Öffentlichkeitsarbeit
Externe Förderung
• Öffentliche Zuschüsse
• Förderzusagen weiterer Unterstützer
• Sponsoren
• Kredite

Einnahmen aus dem Projekt
• Eigenbeiträge der Teilnehmer
• Deckungsbeiträge aus Produkten und Dienstleistungen

Elemente der Ausgabenseite

Die größte Schwierigkeit bei der Erfassung der Ausgaben besteht darin, dass nicht alle Kosten für die Umsetzung des Projekts exakt bekannt sind. Unvorhergesehene Änderungen und Probleme können zu deutlichen Abweichungen von der Kostenschätzung führen. Auf der anderen Seite sind die Förderinstitutionen verpflichtet, die Fördergelder streng nach den beantragten Budgetplänen zu vergeben. Eine nachträgliche Erhöhung der Fördersumme ist fast immer ausgeschlossen. Aus diesem Grund empfiehlt es sich, von vornherein eine Reservesumme zu berücksichtigen und das im Budgetplan transparent zu machen.

Fördersummen werden fast nie nachträglich aufgestockt!

Ein vollständiger, sparsamer und realistischer Ausgabenplan ist ein Beleg für die Kompetenz des Antragstellers, verantwortlich mit den zur Verfügung gestellten Ressourcen umzugehen.

Die Darstellung der Kostenseite orientiert sich an den Vorgaben der Förderinstitution. Einige fordern eine Übersicht nach den verschiedenen Projektphasen, andere möchten eine Aufteilung nach Kostenarten.

Zur Erfassung der verschiedenen Kosten empfehle ich, den Projektplan zur Hand zu nehmen und für jeden Projektschritt und für jedes Teilprojekt aufzulisten, welche Personal- und Sachressourcen sie erfordern. Vielleicht haben die Finanzverantwortlichen in Ihrer Organisation dafür Vorlagen.

Um die Kosten vollständig zu erfassen, sollten folgende Punkte schrittweise abgearbeitet werden:

Checkliste 24: Vollständige Erfassung der Kostenseite

Ausgaben nach Projektphasen	**Vollständig erfasst?**
Planungs- und Konzeptionsphase	
Durchführungskosten	
Kontroll- und Abschlusskosten	
Ausgaben nach Kostenarten	
Personalkosten	
• Gehaltskosten	
• Lohnnebenkosten	
• Honorare	
• Aufwandsentschädigungen (für ehrenamtliche Mitarbeiter)	
Sachkosten	
• Laufende Verwaltung	
• Büromiete	
• Kommunikation (Telefon, Internet, Porto)	
• Büromaterial	
• Reisekosten	
• Transport	
• Verpflegung	
• Übernachtungen	
• Externe Dienstleistungen	
• Versicherungen	

• Rechtsberatung	
• Übersetzungen	
• Transport	
• Miete von Räumen und Ausrüstung	
• Marketing und Öffentlichkeitsarbeit	
• Anzeigen	
• Broschüren	
• Internetseiten	
Investitionskosten	
• Langlebige Wirtschaftsgüter	
• Grundstücke, Gebäude	
• Abschreibungen	

Als Verantwortlicher für die Antragstellung sollten Sie den fertigen Budgetplan von den Fachexperten und der Geschäftsführung freigeben lassen. Nichts ist ärgerlicher, als wenn man erst bei der Projektumsetzung merkt, dass ein wesentlicher Kostenblock übersehen wurde. Ebenfalls ist mit der Geschäftsleitung abzustimmen, inwieweit man Eigenmittel für eventuelle Notfälle reserviert. Fünf bis zehn Prozent des Gesamtbudgets sind als Reserve zu empfehlen. Es ist schon vorgekommen, das kleine, finanzschwache Projektträger durch unvorhergesehene und unbeeinflussbare Kostensteigerungen in große Schwierigkeiten geraten sind, die im schlimmsten Fall bis zur Insolvenz geführt haben.

Teil 4: Von der Entscheidung zum Projekt (Vierter und fünfter Schritt)

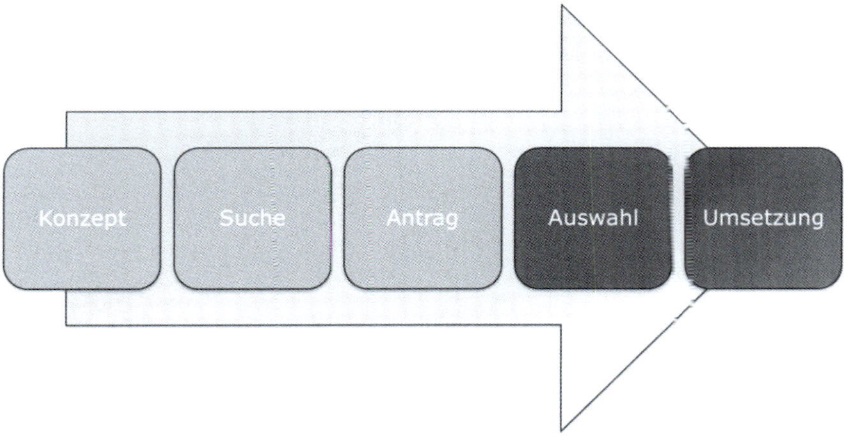

In diesem Teil:

Zu einer Entscheidung gehören zwei: Die Förderinstitution entscheidet, ob sie Ihr Projekt fördern möchte, oder nicht. Absagen gehören zum Alltag auch erfahrener Fördermittelakquisiteure. Wenn Sie eine Zusage erhalten, müssen Sie entscheiden, ob Sie die Förderung annehmen. Wann Sie zugesagte Mittel möglicherweise besser ablehnen, erfahren Sie in diesem Teil.

Kapitel 14: Entscheidungsfindung auf beiden Seiten

In diesem Kapitel

- Förderanträge werden meist in drei Schritten geprüft
- Absagen als Gelegenheit zur Verbesserung begreifen
- Zusätzlicher Prüfungsschritt bei Großprojekten
- Warum man nicht jedes Förderangebot annehmen sollte

Wenn es extrem flott geht, entscheidet die Förderinstitution innerhalb von vier Wochen über einen Antrag. Im Regelfall dauert es aber zwei bis vier Monate.

Förderanträge werden meist in drei Schritten geprüft

Die Verfahren zur Entscheidungsfindung in den einzelnen Institutionen sind so vielfältig wie die Förderlandschaft. Auf jeden Fall wird Ihr Antrag aber von verschieden Personen gesichtet und beurteilt werden. In der Regel erfolgt die Bearbeitung des Antrags in drei Schritten.

1. Schritt: formale Prüfung

Beim Eingang Ihres Antrags wird dieser registriert und evtl. sofort geprüft, ob der Antragstermin eingehalten wurde. Dann folgt in der Regel die Prüfung aller formalen Vorgaben. Nicht selten werden bei diesem Schritt schon 20 bis 40 Prozent aller Anträge aussortiert.

Bei Ausschreibungen gehen oft mehrere hundert Anträge ein. Die Institutionen haben meist nicht die Kapazitäten, alle Anträge inhaltlich im Detail zu überprüfen. Aus diesem Grund sind formale Vorgaben ein gutes Instrument, einen Teil der Anträge auszusortieren. Dabei geht es noch gar nicht um die inhaltliche Qualität, aber es sind jedenfalls in erster Linie eilig und nicht sorgfältig erstellten Anträge, die hier ausscheiden.

Wenn man mit Referenten von Förderinstitutionen spricht, ist es immer wieder erschreckend, in welchem Zustand Anträge eingereicht werden. Soll man Projektträgern mehrere zehntausend Euro anvertrauen, wenn deren Anträge mit Kaffeeflecken und Eselsohren verziert sind? Oder muss man sich selbst an den Kopierer stellen, weil der Antragsteller nicht die geforderte Anzahl an Exemplaren eingereicht hat?

Denken Sie daran, dass die meisten Förderinstitutionen bei den Formalien keinerlei Spielraum lassen. Das gilt insbesondere für öffentliche Ausschreibungen.

Bei Nichterfüllung der formalen Vorgaben kommt Ihr Antrag nicht in die inhaltliche, fachliche Prüfung!

2. Schritt: inhaltliche Prüfung

Hat Ihr Antrag die formale Prüfung überstanden, wird er in der Regel an einen Experten weitergeleitet, der beurteilt, inwieweit Ihr Konzept den inhaltlichen Anforderungen gerecht wird. Nicht immer ist dieser Experte fester Mitarbeiter der Förderinstitution; häufig werden Externe hinzugezogen.

Der Experte wird sich zuerst anhand der wichtigsten Informationen (Projektziele, Projektansatz, Kompetenz der Organisation, Budgetrahmen) einen Überblick verschaffen, insbesondere bei sehr ausführlichen Konzepten. Wenn sehr viele Anträge eingegangen sind, kann es vorkommen, dass wenig überzeugende Konzepte jetzt schon aussortiert werden.

Danach erfolgt die detaillierte Prüfung und Bewertung. Um die Vergleichbarkeit der Bewertung sicherzustellen, haben viele Förderinstitutionen spezifische Bewertungssysteme ausgearbeitet. Dabei werden die zentralen Auswahlkriterien wie z. B. „Innovativer Ansatz“, „Nachhaltigkeit“, „Professionelles Projektmanagement“ oder „Überregionale Wirkung“ einzeln nach bestimmten Schemata bewertet. Diese Einzelbewertungen werden in unterschiedlichen Verfahren zu einer Gesamtnote zusammengefasst.

Die endgültige Entscheidung über einen Antrag erfolgt in der Regel aber nicht allein anhand der fachlichen Bewertung, sondern wird von einem eigenen Auswahlgremium getroffen.

3. Schritt: das Entscheidungsgremium

Das Auswahlgremium setzt sich häufig aus Vertretern der Förderinstitution und berufenen externen Mitgliedern zusammen. Diese werden aufgrund ihrer Fachkompetenz oder ihrer gesellschaftlichen oder politischen Position ernannt. Sie können davon ausgehen, dass nicht jeder Entscheider Fachexperte für das Ausschreibungsthema ist!

Verdeckte Auswahlkriterien können eine entscheidende Rolle spielen!

Meist sind mehr Projektanträge inhaltlich förderfähig, als aus den verfügbaren Mitteln gefördert werden können. Das bedeutet, dass das Entscheidungsgremium gezwungen ist, weitere Kriterien heranzuziehen. Nach welchen Kriterien letztendlich die Projekte ausgewählt werden, ist von außen nicht immer nachvollziehbar. Nicht selten ist aber nicht allein die Qualität eines Antrags entscheidend. Die Förderinstitution kann beispielsweise das Ziel verfolgen, die Mittel gleichmäßig auf verschiedene Themen, Lösungsansätze, Teilzielgruppen, Verbände oder Regionen zu verteilen. Wenn man dann Pech hat, kommen aus der eigenen Region zu viele gute Anträge und man wird auch mit einem hervorragenden Konzept nicht berücksichtigt.

Nach der Entscheidung der Förderinstitution werden die Antragsteller umgehend informiert. Viele Förderinstitutionen veröffentlichen die Ergebnisse zuerst auf ihren Internetseiten. Jeder Antragsteller sollte aber auch ein individuelles Zu- oder Absageschreiben erhalten.

Zusätzlicher Prüfungsschritt bei Großprojekten

In den meisten Fällen reicht der Antrag für die endgültige Entscheidung aus. In einigen Fällen – insbesondere bei größeren Projekten –, möchte sich der Zuschussgeber aber einen persönlichen Eindruck von den Qualitäten des Antragstellers machen.

Dazu können Repräsentanten der Förderinstitution zu einem Besuch in Ihre Einrichtung kommen. Dabei möchten sie nicht nur über den Antrag diskutieren, sondern sich auch einen persönlichen Eindruck von Ihnen und Ihren Mitarbeitern und den bereits laufenden Aktivitäten verschaffen. Manchmal werden auch Antragsteller zu einer Präsentation ihrer Projekte in die Förderinstitution eingeladen. Neben den Inhalten des Antrags ist dabei natürlich der persönliche Eindruck entscheidend.

Bei einem großen Antrag des Bundesarbeitsministeriums, an dem ich selbst beteiligt war, wurden z. B. sechs Projektkonsortien nach Berlin eingeladen, um jeweils 45 Minuten lang Rede und Antwort zu stehen. Drei Konzepte wurden danach ausgewählt.

Checkliste 25: Vorbereitung der persönlichen Verhandlungen

Welche Vorgaben und Wünsche hat der potenzielle Förderpartner für die Organisation des Treffens (z. B. zeitlicher Rahmen, Teilnehmerkreis)?
Welche Inhalte sollen beim Treffen im Mittelpunkt stehen, z. B. eine Gesamtpräsentation des Projekts oder die Konzentration auf bestimmte Fragen des Förderers
Welche Repräsentanten können die eigene Organisation und das Projekt am besten vertreten?
Haben diese Repräsentanten ausreichende Informationen über das Projekt? (Es empfiehlt sich ein Vortreffen)
Haben Sie eine Argumentation für die entscheidenden Fragen vorbereitet?
Sind die Informationsmaterialien und eine Präsentation vorbereitet?

Absagen als Gelegenheit zur Verbesserung begreifen

Da Fördergelder freiwillig vergeben werden, muss ein Förderer seine Entscheidung grundsätzlich nicht begründen. Viele Institutionen halten sich in dieser Frage bewusst bedeckt und man erhält als Absage nur einen Serienbrief mit dem Ausdruck des Bedauerns, dass eine Förderung aufgrund der Vielzahl eingegangener guter Anträge leider nicht möglich ist.

Manchmal kann man aber auch aus Absagen wertvolle Informationen ziehen, z. B. ob eine erneute Antragstellung Sinn hat und was man beim nächsten Mal besser machen kann. Nehmen Sie sich nach Eingang einer Absage eine halbe Stunde Zeit, um selbstkritisch die folgenden Fragen zu beantworten:

- Gibt es im Absageschreiben Hinweise auf die Gründe? (Die Aufforderung, sich erneut zu bewerben, kann beispielsweise darauf hinweisen, dass Ihr Antrag formal korrekt und inhaltlich gut war)
- Erfolgte die Absage sehr kurzfristig nach der Einreichung? (Das könnte auf eine Absage aus formalen Kriterien hinweisen)
- Sind Ihnen selbst nach der Antragstellung Schwächen des Projekts und seiner Darstellung aufgefallen?
- Haben sich seit der Antragstellung wichtige Rahmenbedingungen für das Projekt geändert (z. B. Gesetzgebung oder Rechtsprechung)?
- Sind Ihnen ähnliche Anträge von anderen Organisationen und ihr Status bekannt?

Wenn Sie bereits eine Beziehung zu einem Verantwortlichen in der Förderorganisation geknüpft haben, können Sie mündlich oder telefonisch versuchen, zusätzliche Hinweise zu bekommen. Bitte beachten Sie aber dabei:

- Keine Vorwürfe, Kritik oder Enttäuschung vorbringen! Der Ansprechpartner wird dann aus Selbstschutz wohl kaum kooperieren, sondern freundlich und verbindlich bleiben
- Indirekte Fragen stellen, z. B. nach Empfehlungen und Hinweisen für die Verbesserung des Projekts, alternativen Kooperationspartnern oder der Möglichkeit einer erneuten Bewerbung

Warum man nicht jedes Förderangebot annehmen sollte

Mit der schriftlichen Zusage sind Sie endlich am Ziel Ihrer Bemühungen. Sie ist die verdiente Belohnung für ein hartes Stück Arbeit. Jetzt geht es darum, den positiven Auftakt zur Zusammenarbeit mit dem Förderer zu nutzen und die Beziehung weiterzuentwickeln.

Oft liegen zwischen Antragstellung und Zusage viele Monate. Nicht selten haben sich die Rahmenbedingungen für Ihr Projekt in dieser Zeit geändert. Kontrollieren Sie kritisch, ob sich das Projekt noch wie beschrieben umsetzen lässt. Wenn nicht, ist jetzt der richtige Zeitpunkt, den Zuschussgeber über tiefgreifende Änderungen zu informieren und zu verhandeln, ob sich das Projekt trotzdem durchführen lässt. Manchmal kann es aufgrund geänderter Rahmenbedingungen zu diesem Zeitpunkt sinnvoller sein, als Antragsteller das Projekt abzusagen und auf die Förderung zu verzichten.

Wenn Sie eine Zusage bekommen, prüfen Sie zuerst, ob sich Ihr Projekt noch wie beantragt durchführen lässt!

Die Zusage ist oft auch mit neuen Formalitäten verbunden. Diese sollten sehr sorgfältig geprüft werden.

- Der Zuschussgeber informiert Sie über die Details der weiteren Vorgehensweise (insbesondere über die Dokumentations- und Abrechnungspflichten)
- Nicht selten müssen bestimmte Punkte des Projektplans und des Budgetplans an Vorgaben der Förderinstitution angepasst werden. Überlegen Sie kritisch, ob die Umsetzung des Projekts unter diesen Bedingungen noch sinnvoll ist

Es kann also durchaus vorkommen, dass Sie eine zugesagte Förderung nicht annehmen wollen und können. Dies ist auch mir auch schon bei eigenen Projekten passiert. In einem Fall war ein wichtiger ausländischer Partner aufgrund der wirtschaftlichen Entwicklung kurzfristig aus der Kooperation ausgeschieden und wir konnten keinen adäquaten Ersatz finden. Wir entschieden uns daraufhin, das Geld zurückzugeben, anstatt zu versuchen, uns irgendwie „durchzuwursteln".

Ich plädiere in solchen Situationen zur größtmöglicher Offenheit gegenüber den Förderern. Wenn die Gründe nachvollziehbar dargestellt werden, muss man in der Regel nicht befürchten, bei zukünftigen Ausschreibungen benachteiligt zu werden. Dazu ein Zitat aus dem Antwortschreiben der Förderinstitution, der wir den Zuschuss zurückgegeben haben: *„Herzlichen Dank für Ihre Nachricht. Wir freuen uns, dass Sie uns rechtzeitig benachrichtigt haben, sodass wir die Gelder umgehend für ein anderes Projekt einsetzen können. Ihr Projektkonzept hat uns sehr gut gefallen und wir würden uns freuen, wenn Sie sich zum nächsten Antragstermin erneut bewerben würden."*

Folgende Fragen können Ihnen helfen zu entscheiden, ob Sie die Förderung annehmen:

Checkliste 26: Projektüberprüfung nach der Förderzusage

Gibt es weitreichende personelle Veränderungen (Mitarbeiter/Teilnehmer) der Maßnahme, die die Umsetzung erschweren/verzögern/verhindern?
Gibt es tiefgreifende strukturelle Änderungen bei den beteiligten

Organisationen/Kooperationspartnern?
Haben sich wichtige rechtliche, wirtschaftliche, gesellschaftliche und soziale Rahmenbedingungen geändert?
Ist der Budgetplan noch realistisch, sind bereits jetzt größere Abweichungen bei den Ein- und Ausnahmen zu erkennen?
Ist das fachliche Konzept noch zielführend?
Ist die zugesagte Förderung niedriger als geplant und lässt sich dies durch Änderungen an der Maßnahme oder andere Einnahmequellen auffangen?
Gibt es terminliche Änderungen und muss der Zeitplan verändert werden?
Welche mit der Förderung verbundenen Anforderungen des/der Förderer müssen in den Projektplan übernommen werden?
Hat es unter den geänderten Umständen noch Sinn, das Projekt umzusetzen?

Kapitel 15: Endlich kann es losgehen – die Projektumsetzung

In diesem Kapitel

- Am Anfang steht der Vertragsschluss
- Projekt-Kick-off
- Was tun bei Änderungen und Problemen?
- Schlüsselfaktor Außen- und Innenkommunikation
- Kein Ende mit Schrecken – die Endabrechnung
- Zum Schluss: Nach den Antrag ist vor dem Antrag

Bei der Projektumsetzung ist vor allem ein professionelles Projektmanagement gefordert. Wegen der externen Förderung müssen dabei aber bestimmte Bedingungen von Anfang an berücksichtigt werden.

Am Anfang steht der Vertragsschluss

Die eigentliche Vergabe der Fördermittel wird in der Regel in einem Vertrag festgelegt. Sie verpflichten sich damit, alles zu versuchen, die angestrebten Ziele mit den im Antrag beschriebenen Maßnahmen zu erreichen. Darüber hinaus werden die Details der Zusammenarbeit zwischen Förderinstitution und Gefördertem festgelegt. Folgende Punkte stehen dabei im Mittelpunkt:

- Auszahlungsplan (Zu welchen Zeitpunkten und nach Erreichen welcher Meilensteine werden Ihnen die Fördermittel auf welches Konto überwiesen? Muss die Zahlung jeweils beantragt werden oder erfolgt sie automatisch?)
- Meilensteine und terminliche Rahmendaten (Beginn und Ende des gemeinsamen Projekts, Definition von Meilensteinen)
- Berichtswesen (Wer berichtet bis wann in welcher Form an wen?)
- Abrechnungsmodalitäten (Vorgaben für Belege, Vorgehensweise bei Abweichungen, Form und Termin der Endabrechnung)
- Leitlinien für die gemeinsame Außenkommunikation (Einsatz von Logos, Textbausteinen, gegenseitige Freigabe von Pressemeldungen)
- Genereller Rahmen der Zusammenarbeit (Definition der Ansprechpartner, ggf. Terminierung von Besprechungen)

Der Vertrag muss von den vertretungsberechtigten Führungskräften Ihrer Organisation fristgerecht unterschrieben und zurückgesandt werden. Die terminlichen Eckpunkte sollten in den operativen Projektplan übernommen werden.

Projekt-Kick-off

Mit dem Start der Projektaktivitäten wechseln oft die für das Förderprojekt verantwortlichen Personen. Oft sind die Verantwortlichen für die Antragstellung nicht für die Umsetzung des Projekts zuständig. Von den externen Kooperationspartnern können neue Personen zum Projektteam stoßen. Die Abrechnung wird vielleicht von einem Experten aus der Buchhaltung übernommen, der von dem Vorhaben noch gar nichts weiß.

> Der Projekt-Kick-off stellt sicher, dass alle Beteiligten auf dem gleichen Informationsstand sind.

Damit keine wichtigen Informationen verloren gehen, empfehle ich, einen Projekt-Kick-off mit allen Beteiligten einzuberufen. Das Ziel ist, einen gleichen Informationsstand über das Vorhaben und die Bedingungen der Zusammenarbeit mit dem Förderpartner sicherzustellen. Seit der Fertigstellung des Antrags sind mehrere Monate vergangen, bestimmte Rahmenbedingungen haben sich vielleicht geändert und Sie haben in der Zwischenzeit neue Erkenntnisse gewonnen. Das Projektkonzept und der Projektplan müssen entsprechend angepasst werden. Mit der folgenden Checkliste können Sie den Projekt-Kick-off vorbereiten.

Checkliste 27: Vorbereitung des Projektstarts

Teilnehmer
• Auftraggeber des Projekts (Geschäftsführung/Leitung/Vorstand)
• Verantwortliche für die Antragstellung
• Verantwortliche für die Projektumsetzung
• Verantwortliche für Buchhaltung/Abrechnung
• Verantwortliche für die Öffentlichkeitsarbeit
• Verantwortliche der Kooperationspartner
Ziele des Treffens
• Alle Beteiligten auf den gleichen Informationsstand hinsichtlich der Ziele/Umsetzung des Vorhabens bringen

• Kommunikationswege und Verantwortungsbereiche transparent machen
• Alle offenen Fragen der Beteiligten beantworten

Was tun bei Änderungen und Problemen?

In den seltensten Fällen wird sich ein Projekt zu 100 Prozent so umsetzen lassen, wie es ursprünglich geplant wurde. Diese Tatsache kennen auch erfahrene Mitarbeiter der Förderorganisation.

Man muss sich aber bewusst machen, dass nur wenig das Vertrauen stärker zerstören kann, als eine unzureichende Information des Partners – insbesondere, wenn größere Veränderungen erst nach Projektende bekannt werden, Ziele nicht erreicht werden, Probleme bei der Öffentlichkeitsarbeit auftreten oder es größere Abweichungen vom Budgetplan gibt.

Wenn sich Probleme oder Risiken abzeichnen, sprechen Sie unbedingt mit der Förderinstitution!

Bei größeren Veränderungen im Projekt oder wenn sich Risiken abzeichnen empfiehlt es sich, proaktiv mit der Förderinstitution zu kommunizieren. In den meisten Fällen ist es dann möglich, gemeinsam eine Lösung zu finden.

Schlüsselfaktor Außen- und Innenkommunikation

Ein wichtiges Ziel vieler Förderstiftungen ist, durch die Förderprojekte eine positive Öffentlichkeitswirkung zu erzielen. Daher sollte man die generelle Vorgehensweise und die Abstimmungsprozesse für die Öffentlichkeitsarbeit genau absprechen.

Checkliste 28: Abstimmung der Außenkommunikation

Welcher der Partner ist in welchem Bereich für die Presse- und Öffentlichkeitsarbeit zuständig?
Welche Informationen über die Partner und das Projekt sind dabei weiterzugeben? (z. B. in Form von Textbausteinen)

Welche Bedingungen sind bei der Verwendung von Namen und Logos zu beachten?
Gibt es bei Pressemeldungen einen gemeinsamen Freigabeprozess?
Wie informiert man sich gegenseitig über Artikel und Veröffentlichungen?
Welche Regelungen gelten bei einer kritischen und verfälschten Berichterstattung?

Ggf. kann es notwendig sein, Änderungen am Projektkonzept und Projektplan mit dem Förderpartner abzusprechen. Wenn nach der langwierigen Vorbereitung das Projekt endlich gestartet werden kann, passiert es schnell, dass die Aufmerksamkeit vollständig vom Projektgeschäft in Anspruch genommen wird. Aus diesem Grund sollten Sie die Verantwortung für die Kommunikation mit der Förderinstitution klar zuweisen.

Klären Sie mit dem Förderpartner die Verantwortung für die Kommunikation!

Die Form der Zusammenarbeit hängt in hohem Maße von den Wünschen des Förderers ab. Es gibt Partner, die Projekte „an der langen Leine“ laufen lassen und nur bei großen Abweichungen informiert werden wollen, und es gibt Institutionen, die eine sehr enge Zusammenarbeit wünschen. Die Entscheidungsbefugnisse des Ansprechpartners in der Förderinstitution können stark variieren. Manche Referenten haben weite Entscheidungsspielräume; andere müssen in einem engen Korsett von vorgegebenen Leitlinien agieren. Wie sich die konkreten Bedingungen bei Ihrem Partner darstellen, sollten Sie gezielt herausfinden, um die Kommunikationsprozesse entsprechend gestalten zu können.

Kein Ende mit Schrecken – die Endabrechnung

Die meisten Zuwendungsgeber fordern eine detaillierte Abrechnung wenige Wochen nach Beendigung des Projekts. In vielen Organisationen ist die Motivation zu diesem Zeitpunkt nicht mehr sehr hoch, da das Projekt bereits inhaltlich abgeschlossen wurde und viele den bürokratischen Aufwand scheuen. Wer hier aber nicht sauber arbeitet, kann eine böse Überraschung erleben. Meist werden auch die letzten 20 Prozent der Fördersumme erst nach Einreichen der Abschlussrechnung ausgezahlt.

Förderer behalten sich häufig vor, Gelder zurückzufordern, die nicht ordnungsgemäß ausgegeben wurden. Das kann bei größeren Projekten schnell zu einer Summe anwachsen, die den Fortbestand einer Organisation gefährdet. Ein Hauptfehler, der leider immer wieder gemacht wird, ist, dass es kein laufendes Projektcontrolling für die Finanzmittel gibt. Solange genügend Geld auf dem Projektkonto ist, scheint alles in Ordnung und die Rechnungen werden nicht selten unsortiert gesammelt. Die Aufarbeitung wird bis nach dem Projektende verschoben!

Richten Sie unbedingt ein Controlling ein! Die Förderinstitution bewertet auch die Qualität der Abrechnung.

Selbst bei einem inhaltlich hervorragend abgeschlossenen Projekt kann eine fehlerhafte und unvollständige Abrechnung die Bewertung Ihres Projekts durch den Förderer stark verschlechtern.

Im Nachhinein ist es häufig unmöglich oder extrem zeitaufwendig, bestimmte Vorgaben zu erfüllen (wenn Sie z. B. Fahrscheine im Original einreichen müssen und diese nicht gesammelt wurden oder wenn Sie nachweisen müssen, dass Sie vor einer Beauftragung von externen Dienstleistungen Vergleichsangebote eingeholt haben).

Die folgende Checkliste sollte Sie vor den größten Fallstricken bewahren.

Checkliste 29: Finanzielles Projektcontrolling

Prüfen Sie direkt nach der Förderzusage genau die inhaltlichen und formalen Vorgaben für die Abrechnung und geben Sie die Informationen an die Projektbeteiligten weiter
Sammeln Sie systematisch alle Anfragen, Angebote, Verträge, Quittungen und Rechnungen in einem zweckdienlichen Ablagesystem
Bilden Sie ein Projektcontrolling z. B. in Ihrer eigenen Buchhaltungssoftware oder auf Excel-Basis ab (Prinzip der doppelten Buchführung)
Stellen Sie sicher, dass alle Zahlungsein- und -ausgänge mindestens monatlich erfasst werden
Überprüfen Sie mindestens monatlich Abweichungen der IST-Kosten vom Budgetplan
Informieren Sie den Förderpartner bei absehbaren größeren Abweichungen und besprechen Sie gemeinsam Gegenmaßnahmen

Zum Schluss – nach dem Antrag ist vor dem Antrag

Unabhängig davon, ob der Antrag erfolgreich war oder abgelehnt wurde, haben Sie für die nächste Antragstellung wichtige Erfahrungen gemacht. Auch bei einer Absage haben Sie vielleicht neue Projektideen entwickelt oder mögliche Kooperationspartner gefunden. Wenn die Förderinstitution regelmäßig ausschreibt, haben Sie zudem die Chance, sich mit einem modifizierten Projekt erneut zu bewerben.

Bei einer erfolgreichen Kooperation mit einem Förderpartner sollten Sie systematisch den Ausbau der Zusammenarbeit betreiben. Am besten haben Sie bei Ihrem ersten Antrag bereits das Folgeprojekt skizziert (z. B. die Verbreitung der Projektergebnisse eines Pilotprojekts). Wenn Sie eine gute Arbeit abliefern, bekommen Sie vielleicht die Chance, sich als fester Partner der Förderorganisation zu etablieren. Oft beauftragen z. B. Förderstiftungen erfolgreiche Projektpartner mit der kompletten Abwicklung von Förderbereichen oder fortlaufenden Projekten.

Als Förderpartner können Sie von weiteren Dienstleistungen der Förderinstitution profitieren. Nicht selten werden die Verantwortlichen von verschiedenen Projektträgern zu Konferenzen und Seminaren eingeladen – eine hervorragende Gelegenheit, das eigene Netzwerk auszubauen und von den Erfahrungen anderer zu profitieren.

Teil 5: Einer für alle, alle für einen – organisatorische Voraussetzungen für die erfolgreiche Fördermittelakquise

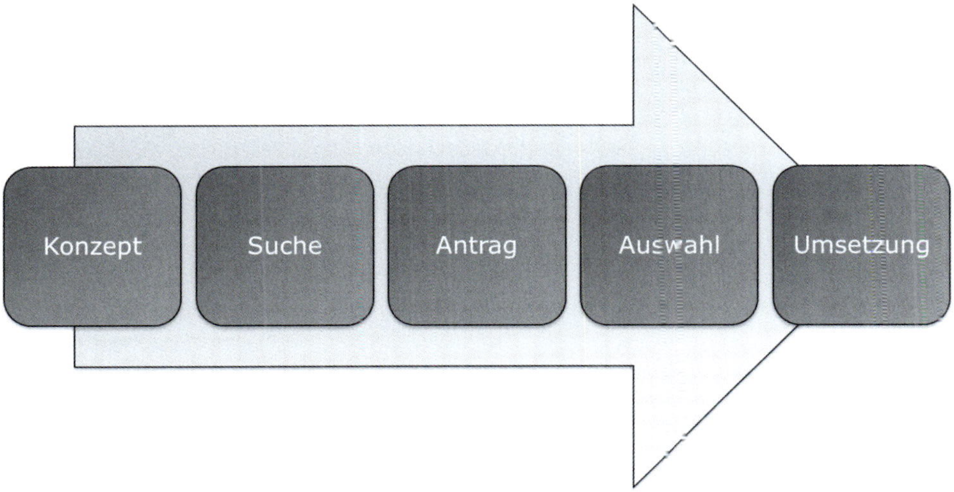

In diesem Teil:

Ein mittel- und langfristiger Erfolg in der Fördermittelakquise ist nur dann möglich, wenn Sie die erforderlichen Strukturen schaffen. Lesen Sie hier, welche personellen und finanziellen Investitionen notwendig sind und welchen „Return on Investment" Sie realistischerweise erwarten können. Wenn Sie das berücksichtigen, kann die gezielte Gewinnung von Zuschüssen einen kontinuierlichen Beitrag zur strategischen Finanzierung ihrer Organisation leisten.

Kapitel 16: „Mix it, baby“ – Fördermittel im Finanzierungsmix

In diesem Kapitel

- Trends bei der Finanzierung von gemeinnützigen Trägern
- Welche Kriterien müssen erfüllt sein, wenn Sie ein Förderung anstreben?

Die Finanzierung von gemeinnützigen Organisationen setzt sich aus verschiedenen Elementen zusammen, wie die folgende Grafik zeigt.

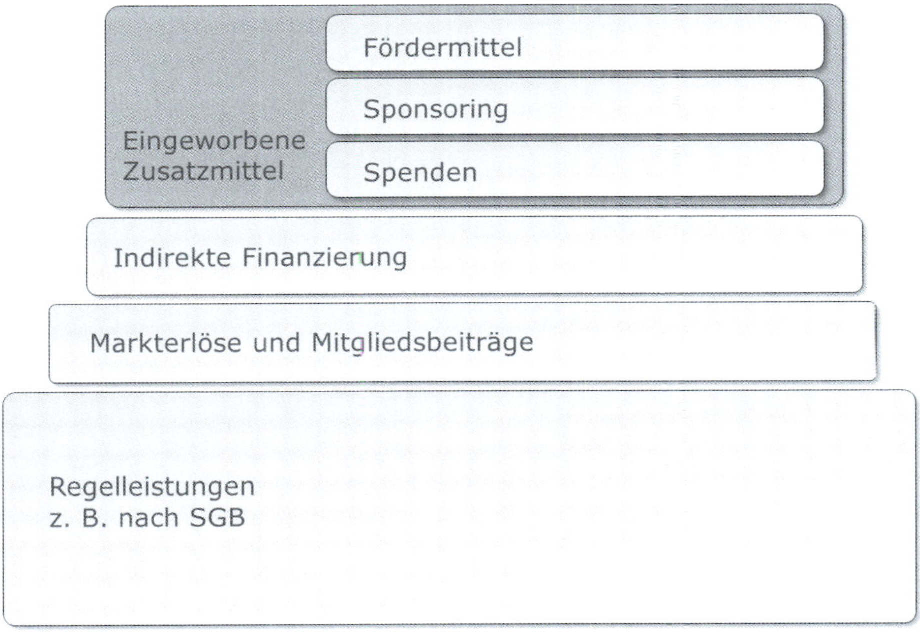

Schema der Finanzierung gemeinnütziger Organisationen

Trends bei der Finanzierung von gemeinnützigen Trägern

Schauen wir uns die sechs Finanzierungsbereiche und ihre aktuelle Entwicklung einmal genauer an.

Zunehmender Wettbewerb: Leistungsentgelte und Aufwandsersatz

Bei zahlreichen Aktivitäten – insbesondere im Gesundheits-, Sozial- und Bildungsbereich – haben Sie als Dienstleister einen gesetzlichen Anspruch auf eine angemessene Vergütung Ihrer Leistungen. Für ein Seniorenheim ist das der Pflegesatz der Pflegeversicherung, für einen Kindergarten sind es die festen Zuschüsse von Land und Gemeinde und bei bestimmten Qualifizierungsmaßnahmen sind es Finanzmittel der Agentur für Arbeit. Einen Großteil dieser sog. Regelleistungen regeln die verschiedenen Bücher des Sozialgesetzbuches (SGB). Bestimmte Aufgaben können Träger auch in Form von öffentlichen Ausschreibungen vergeben.

Gemeinsam haben diese Finanzierungsarten erstens einheitliche Vergabeverfahren. Zweitens besitzen die Träger einen eindeutigen Rechtsanspruch, den sie im Zweifelsfall auch gerichtlich durchsetzen können. Insbesondere für soziale Dienstleistungen sind sie die mit großem Abstand wichtigste Finanzierungsquelle. Laut Statistischem Bundesamt umfassten z. B. alle öffentlichen Sozialbudgets im Jahr 2009 Sachleistungen in Höhe von 229,2 Mrd. Euro!

Die Regelleistungen werden auch in Zukunft ihre wichtige Rolle behalten. Tendenziell wird das Gesamtbudget vor allem im sozialen Bereich sogar weiter steigen. Durch die Erhöhung der Nutzungszahlen (demografische Entwicklung) und die Verteilungskämpfe der verschiedenen Interessengruppen werden die Vergütungen für die einzelnen Dienstleistungen aber eher stagnieren. Durch die Einführung von Marktelementen und festen Budgets möchte die öffentliche Hand den Wettbewerb unter den Trägern verstärken.

Erschließung neuer Markterlöse und zurückgehende Mitgliedsbeiträge

Gemeinnützige Organisationen wollen als sog. Non-Profit-Organisationen keine Gewinne erzielen. Trotzdem steht es ihnen natürlich offen, Beiträge oder Gebühren von ihren Nutzern zu verlangen. Dass kann bei der Stadtbücherei ein Jahresbeitrag sein, beim Sportverein die Mitgliedsgebühr und bei der Kindertagesstätte ein Eigenbeitrag der Eltern. Für ihren finanziellen Beitrag erhalten die Nutzer, Mitglieder oder Kunden besondere Vorteile und Nutzungsrechte. Die Grundlage dafür ist häufig ein individueller Nutzungs- oder Mitgliedsvertrag.

Auf Basis der bestehenden Kundenbeziehungen versuchen viele gemeinnützige Organisationen, solche Dienstleistungsbereiche gezielt auszubauen und durch kostenpflichtige Zusatzangebote Einnahmen zu erzielen. Feste Mitglieder sind dagegen immer schwieriger zu gewinnen. In unserer modernen Gesellschaft möchten sich immer weniger Menschen auf Dauer binden.

Wettbewerbsrechtliches Damoklesschwert über der indirekten Förderung

Der gemeinnützige Bereich in Deutschland profitiert von zahlreichen indirekten Hilfen. Gemeinnützige, anerkannte Leistungen sind weitgehend steuerbefreit und Geber können Spenden und Zuwendungen steuerlich geltend machen.

Darüber hinaus gibt es zahlreiche Zuschüsse, Sonderkredite und Bürgschaftsprogramme, die ausschließlich von Non-Profit-Organisationen in Anspruch genommen werden können.

Diese Förderungen stehen aber zunehmend in der Kritik. Insbesondere in Feldern, in denen gemeinnützige Organisationen mit gewerblichen Anbietern in Wettbewerb stehen, gibt es wettbewerbsrechtliche Bedenken. Der Europäische Gerichtshof und die Europäische Kommission stellen einige der indirekten Hilfen infrage. Dies könnte weitreichende Folgen für den gesamten Sektor haben.

Stagnierendes Spendenvolumen

Eine Spende ist eine freiwillige finanzielle, persönliche oder Sachleistung, die nicht mit einer konkreten Gegenleistung des Spendenempfängers verbunden ist und keiner rechtlichen Verpflichtung unterliegt. Eine Spende kann nicht zurückgefordert werden. Spenden können Personen, Unternehmen und Institutionen. Die Statistiken des Deutschen Spendenrates und der Gesellschaft für Konsumforschung zeigen ein Spendenvolumen von 2,3 Mrd. Euro im Jahr 2010.

Im Spendensektor weht immer frischer der kalte Wind des Verdrängungswettbewerbs. Das Spendenvolumen in Deutschland zeigt keinerlei Wachstumstendenzen – abgesehen einmal von Sondereffekten bei großen Naturkatastrophen. Viele Organisationen spüren dies an ihren schrumpfenden Spendeneinnahmen.

Mir macht aber immer wieder Mut, dass es auch neuen Initiativen und Organisationen durch Engagement und herausragende Kreativität gelingt, sich ein gutes Stück vom Spendenkuchen zu sichern. Ohne Frage wird sich die Professionalisierung in diesem Bereich weiter verstärken.

Immer stärker im Fokus: Sponsoring und Unternehmenskooperationen

Nicht nur der FC Bayern München ist bei Sponsoren sehr beliebt, auch weniger bekannte Organisationen können mit ihren gemeinnützigen Aktivitäten Unternehmen helfen, sich in ein gutes Licht zu setzen. Ein Sponsor unterstützt gemeinnützige Aktivitäten und Projekte durch finanzielle, personelle oder sachliche Hilfen, weil er damit eigene Ziele verwirklichen möchte.

In der Regel soll der Name des Sponsors durch die projektbegleitende Kommunikation verbreitet werden – also z. B. auf Flyern, Plakaten, und Internetseiten, in Grußworten oder bei Preisverleihungen und anderen Events. Sponsoring ist ein Geschäft auf Gegenseitigkeit, das in einem Vertrag festgeschrieben wird. Einige Unternehmen erhoffen sich durch ein Sponsoring vor allem verbesserte Absatzzahlen (z. B. durch die Verbindung von Bierkonsum mit der Rettung des Regenwalds), andere möchten tatsächlich Verantwortung in der Gesellschaft übernehmen. In Zeiten von öffentlich diskutiertem Managerversagen, Nahrungsmittelskandalen und Finanzkrise sind die Führungskräfte von kleinen und großen Unternehmen heute auf jeden Fall stärker für das Gemeinwohl sensibilisiert, als noch vor einigen Jahren.

Häufig noch ungenutztes Potenzial: Fördermittel

Leider gibt es keine Statistik über das Gesamtpotenzial von öffentlichen und privaten Fördermitteln für gemeinnützige Organisationen. Wenn man aber einige Zahlen überschlägt, wie z. B. einen fünfprozentigen Anteil freiwilliger Zuschüsse an den Ausgaben der Kommunen (entspricht 22 Mrd. Euro), drei Mrd. Euro von den Förderstiftungen, 2,3 Mrd. Euro aus dem Europäischen Sozialfonds, über eine Mrd. Euro Zweckerträge aus dem staatlich regulierten Glücksspiel, kommt man bei einer vorsichtigen Schätzung auf ein jährliches Volumen von 20 bis 30 Mrd. Euro. Das ist das Zehnfache der Summe, die an Spenden eingeworben wird. Vor diesem Hintergrund ist es erstaunlich, wie wenig Träger der Sozialwirtschaft sich die professionelle Akquise von Fördermitteln zu einer strategischen Aufgabe gemacht haben.

Die Träger gehen höchst unterschiedlich an die Sache heran: Einige Organisationen haben eigene Förderreferenten oder sogar Abteilungen, deren Hauptaufgabe die Recherche und Beantragung von Fördermitteln und die Abwicklung von Fördermittelprojekten ist. Bei diesen Trägern leisten Zuschüsse somit einen regelmäßigen Beitrag zur Finanzierung. Es gibt aber auch viele Organisationen, die das Thema Fördermittelgewinnung noch nie angegangen sind, sich aber aufgrund der veränderten globalen Finanzierungssituation jetzt in das Thema einarbeiten wollen.

Welche Kriterien müssen erfüllt sein, wenn Sie eine Förderung anstreben?

Wenn man die Fördermittelakquise auf- und ausbauen möchte, stellt sich die Frage, wie planbar die Einnahmen daraus sind und welche Themen und Aktivitäten sich besonders für eine Förderung eignen.

In den vorangegangenen Kapiteln haben wir vielfältige Ziele von Förderinstitutionen kennengelernt. Manchmal hat man den Eindruck, das es nichts gibt, was nicht von irgendwem gefördert wird. Dennoch lassen sich zumindest Tendenzaussagen über die Förderfähigkeit des eigenen Vorhabens machen. Die folgende Checkliste hilft dabei.

Checkliste 30: Welche Maßnahmen eignen sich für eine Förderung?

Kriterien für förderfähigen Projekte
• Die spezifische Notwendigkeit der Aktivität ist für Außenstehende nachvollziehbar und überzeugend
• Die Ziele sind eindeutig, bewertbar und realistisch

• Die Ziele beziehen sich nicht nur auf die eigene Organisation
• Das Konzept ist ausgearbeitet, es besteht ein konkreter Plan mit Budget
• Die Aktivität lässt sich von anderen Tätigkeiten des Trägers eindeutig abgrenzen
• Die nachhaltige Wirkung der Maßnahme ist sichergestellt
• Der Projektträger ist vertrauenswürdig
Förderung nur in Ausnahmefällen möglich
• Zuschüsse zu klassischen Bauinvestitionen
• Größere Sachinvestitionen
Ausschlusskriterien
• Projekt hat bereits begonnen oder der Projektstart erfolgt in den nächsten zwei bis drei Monaten
• Träger kann keinerlei Eigenleistungen erbringen
• Die Wirkung und Ziele beziehen sich nicht ausschließlich auf den Träger
• Zuschüsse sollen laufende Budgetlücken schließen

Der fortlaufende Erfolg Ihrer Bemühungen um Fördermittel hängt stark vom Erfahrungsschatz der Verantwortlichen und der Organisation ab. Die Konzeption und Antragstellung wird umso besser und effizienter, je mehr Erfahrungen die Beteiligten gesammelt haben. Es hat also keinen Sinn, nach der ersten Absage aufzugeben. Auch Träger, die heute einen beträchtlichen Teil ihrer Aktivitäten aus Zuschüssen finanzieren, mussten am Anfang einen langen Atem haben.

Es hat keinen Sinn, nach der ersten Absage aufzugeben.

Grundsätzlich ist aber zu beachten: Da es sich bei Zuschüssen um freiwillige Leistungen handelt und die Budgets der Förderinstitutionen je nach Wirtschaftslage erheblich schwanken können, lassen sie sich nur schwer langfristig planen. Zumindest für die Laufzeiten der einzelnen geförderten Aktivitäten, die auch mehrere Jahre betragen können, steht der Geldfluss aber fest. Eine bessere Planbarkeit ist möglich, wenn man die Fördermittelakquise als kontinuierliche strategische Aufgabe etabliert.

Kapitel 17: Fördermittelakquise als Führungsaufgabe

In diesem Kapitel

- Mögliche Organisationsformen
- Finanzierung der Fördermittelakquise
- Strategische Implementierung der Fördermittelakquise
- Persönliches Engagement der Leitungskräfte
- Zusammenarbeit mit Beratern

In den vorangegangenen Kapiteln ist klar geworden, welche unterschiedlichen Ansprüche an die Verantwortlichen für die Fördermittelgewinnung gestellt werden und welche Fähigkeiten sie haben müssen.

- Sie müssen ausdrucksstark sein, um ihre Projekte über alle Kommunikationskanäle gut verkaufen zu können
- Sie brauchen das fachliche Know-how, um ihre Organisation und deren Aktivitäten adäquat darstellen zu können
- Sie benötigen Kenntnisse in Budgetierung, Beurteilung von rechtlichen Rahmenbedingungen und Verwaltungsvorgängen
- Die Recherche in Datenbanken und im Internet erfordert eigene Fähigkeiten
- Zur Erfüllung der strengen formalen Vorgaben ist eine äußerst genaue Arbeitsweise notwendig

Nur in den seltensten Fällen werden Sie eine Person in Ihrer Organisation finden, die all diese Fähigkeiten in sich vereinigt.

Fördermittelbeantragung
ist eine Teamaufgabe.

Für die Leitung bedeutet das erstens, dass sie den verantwortlichen Förderreferenten die Unterstützung der entsprechenden Fachabteilungen zur Verfügung stellen muss. Zweitens sollte auch ein ausreichendes Budget für die Ausstattung entsprechender Arbeitsplätze bereitstehen, z. B. für Fachliteratur und Datenbanken, ergonomische Computerarbeitsplätze und spezifische Weiterbildungsmaßnahmen.

Mögliche Organisationsformen

Wie lässt sich nun die kontinuierliche Gewinnung von Fördermitteln für einen Träger am besten aufbauen? Zuerst stellt sich die Frage, ob die Aufgabe und das Know-how bei einer Person oder Abteilung konzentriert werden soll, oder ob es besser ist, alle potenziellen Verantwortlichen entsprechend auszubilden, die sich dann je für ihr Projekt um die Antragstellung kümmern können.

Aus meiner Erfahrung heraus würde ich den ersten Weg bevorzugen. Wenn man sich nur unregelmäßig alle paar Jahre einmal mit dem Thema Fördermittelbeantragung auseinandersetzen muss, ist die Einarbeitung immer extrem aufwendig. Ein zentraler Beauftragter für die Fördermittelakquise kann meist besser Erfahrungen sammeln und seine Effizienz ist bedeutend größer.

Eine spezielle Abteilung oder ein Beauftragter für die Fördermittelakquise kann besser Erfahrungen sammeln.

Sehr große Organisationen haben daher oft eine eigene Abteilung, die sich ausschließlich um Fördermittel bemüht. Einzelne große Träger generieren damit jährlich Fördermittel im sechs- und siebenstelligen Bereich. Kleinere Träger können eine entsprechende, spezialisierte Stelle im Bereich Fundraising oder Finanzierung/Controlling oder bei den Fachbereichsleitungen etablieren. Die Förderreferenten haben dann die Rolle eines internen Dienstleisters, der die verschiedenen Bereiche bei ihren Förderprojekten unterstützt.

Erfolgreiches Organisationsmodell für kleinere Träger

Für viele kleinere Träger ist es natürlich utopisch, eine eigene Abteilung oder Vollzeitstellen für die Gewinnung von Fördermitteln einzurichten und zu finanzieren. Das bedeutet aber nicht, dass man auf diese Finanzierungsmöglichkeit verzichten muss.

Ein mir bekannter Kreisverband aus dem Bereich Rettungswesen im ländlichen Raum hat eine Förderreferentin auf 400-Euro-Basis. Die langjährige Mitarbeiterin wollte aufgrund ihrer familiären Situation ihre Arbeitszeit deutlich reduzieren und suchte einen Job mit flexibler Zeiteinteilung. Durch ihre langjährige Tätigkeit beim Träger kennt Sie natürlich die Strukturen und Kompetenzen sehr gut. Sie hat sich gezielt in die Fördermittelakquise eingearbeitet und erschließt für die Arbeit Ihrer Organisation jährlich mehrere zehntausend Euro.

Bei sehr großen Trägern und Verbänden mit überregional verstreuten Standorten kann eine zentrale Abteilung für die Mittelbeschaffung allerdings schnell an ihre Grenzen stoßen. Sie kann Informationen über die großen, bundesweit tätigen Förderinstitutionen sammeln und weitergeben und ggf. den Erfahrungsaustausch unter den regionalen Verantwortlichen sicherstellen. Wegen der regionalen Ausrichtung der meisten Förderquellen sollten aber unbedingt auch vor Ort entsprechende Kompetenzen aufgebaut werden.

Finanzierung der Fördermittelakquise

Beim Organisationsaufbau stellt sich natürlich die Frage der Finanzierung. Denn die Fördermittelgewinnung wird grundsätzlich nicht gefördert.

Die Fördermittelgewinnung ist von einer Förderung grundsätzlich ausgeschlossen! Fördergelder dürfen nur für ein bestimmtes Projekt und das darin eingesetzte Personal verwendet werden.

Die leider weit verbreitete Vorstellung, dass sich eine Förderabteilung durch die von ihr akquirierten Fördergelder selbst finanzieren kann, ist wenig realistisch. Die Fördergelder dürfen schließlich nur für ein bestimmtes Projekt und das darin beschäftigte Personal eingesetzt werden. Darüber hinaus muss berücksichtigt werden, dass jedes Förderprojekt, das man außerhalb seines festen Budgets umsetzen möchte, zuerst einmal zusätzliche Kosten verursacht, um den geforderten Eigenanteil abzudecken.

Die Fördermittelakquise muss letztendlich wie andere Verwaltungsaufgaben über eine interne Umlage finanziert werden. Durch die gewonnenen Zuschüsse können aber Kosten in anderen Bereichen eingespart werden, und so kann die Organisation als Ganzes von den eingeworbenen Geldern profitieren. Dabei sind aber die langen Vorlaufzeiten zu beachten, bis die ersten Fördermittel tatsächlich eingehen. Der Aufbau entsprechender Kapazitäten kann in einer akuten finanziellen Notlage kaum etwas bewirken, sondern muss als langfristige Investition zur Diversifizierung der Finanzquellen einer gemeinnützigen Organisation geplant werden.

Strategische Implementierung der Fördermittelakquise

In der Praxis wird die systematische, kontinuierliche Fördermittelakquise gern bestehendem Personal als zusätzliche Aufgabe übertragen. Das hat viele Vorteile. Die Mitarbeiter kennen die Organisation, die relevanten Ansprechpartner und die generellen Abläufe. Gerade wenn das Tätigkeitsfeld neu aufgebaut werden soll, muss man ihnen aber auch zeitliche Freiräume für die Einarbeitung in das komplexe Themenfeld geben.

Manchmal werden auch neue Stellen geschaffen und externe Kräfte mit befristeten Arbeitsverträgen eingestellt. Die Zielvorgabe heißt dann beispielsweise: „*Wenn Sie in zwei Jahren 300.000 Euro Fördergelder eingeworben haben, werden wir gerne Ihren Vertrag verlängern.*“ Da es am Arbeitsmarkt kaum erfahrene Fachleute gibt, werden dafür auch Menschen mit Qualifikationen aus anderen Bereichen eingestellt, die sich fachlich erst einarbeiten müssen. Ob eine solche Vorgehensweise für den nachhaltigen Aufbau von Beziehungen zu Förderinstitutionen wirklich hilfreich ist, ist höchst zweifelhaft.

Auf jeden Fall können Fördermittelreferenten nur dann erfolgreich sein, wenn sie die volle Unterstützung der für die Projektkonzeption und Umsetzung verantwortlichen Abteilungen und der Leitungsebene erhalten.

Fördermittelreferenten brauchen die volle Unterstützung der Organisation.

Deshalb reicht es nicht aus, nur eine neue Stelle zu schaffen. Allen Beteiligten in der Organisation muss vermittelt werden, welche grundsätzlichen Rahmenbedingungen bei der Einwerbung von Fördermitteln zu beachten sind. Insbesondere müssen die Fördermittelexperten schon in die Ideenfindung und Grobkonzeption von mittel- und langfristigen Aktivitäten einbezogen werden. So kann man klären, ob die geplanten Maßnahmen eine Chance auf Förderung haben und passende Ausschreibungen können frühzeitig recherchiert werden.

Fördermittelreferenten müssen frühzeitig in die strategische Planung einbezogen werden.

Während meiner Zeit als fest angestellter Fördermittelexperte bei einem Träger ist eine Förderung meist dann nicht zustande gekommen, wenn ich zu spät angesprochen wurde. Mittel- und langfristige Projekte mit strategischer Relevanz werden häufig auf Leitungsebene diskutiert und angestoßen. Da sich solche Projekte für eine Förderung eignen könnten, sollten auch hier die internen Förderexperten rechtzeitig involviert werden.

Persönliches Engagement der Leitungskräfte

Wie wir im Teil 3 über die Antragstellung gesehen haben, spielen Führungskräfte eine wichtige Rolle, wenn es um die persönliche Ansprache der Entscheider von Förderinstitutionen geht und um die Nutzung wertvoller Kontakte aus dem persönlichen Umfeld. Viele erfolgreiche Non-Profit-Organisationen zeichnen sich durch das große persönliche Engagement ihrer Führungskräfte in diesem Bereich aus. Bei jedem Treffen mit externen Kontakten überlegen sie, ob und wie sie das Gegenüber auf die Unterstützung ihrer Vorhaben ansprechen können. Sie verstehen sich dabei bewusst als Türöffner für die internen Mitarbeiter, die dann die operative Umsetzung von Kooperationen übernehmen.

Führungskräfte sollten sich bei ihren Außenkontakten als Türöffner für die Organisation betrachten.

Die Leitungskräfte sind ebenfalls dafür verantwortlich, dass das Thema Fördermittelakquise als gemeinsame Aufgabenstellung aller Mitarbeiter der Organisation etabliert wird. Sie müssen durch ihr persönliches Vorbild und die strategischen Vorgaben sensibilisieren und motivieren. Durch ihr persönliches Engagement können Führungskräfte die Erfolgsaussichten im Fördergeschäft deutlich erhöhen.

Zusammenarbeit mit Beratern

Wenn die eigenen Personalressourcen beschränkt sind und man keine Zeit hat, eigenes Know-how aufzubauen, bietet es sich an, auf die Dienstleistungen von externen Fachleuten zurückzugreifen. Natürlich muss ich an dieser Stelle einräumen, dass ich als ein solcher Dienstleister in gewisser Weise voreingenommen bin. Mit einer ausführlichen Darstellung der Risiken und Nachteile einer solchen Zusammenarbeit kann ich Sie aber hoffentlich davon überzeugen, dass jetzt kein einseitiger Werbeblock auf Sie wartet.

Die Vorteile einer solchen Kooperation liegen auf der Hand: Die direkte Unterstützung eines Fachmanns bei Recherche und Zusammenstellung des Antrags entlastet die eigenen Personalressourcen. Gleichzeitig steigt durch die Erfahrungen und das Know-how des Beraters die Erfolgswahrscheinlichkeit eines Fördermittelantrags. Wenn eine erfolgsbezogene Bezahlung vereinbart wird, trägt der Berater das Risiko eines Scheiterns.

Berater können Ihre Ressourcen entlasten
und Know-how einbringen.

Bei einer genaueren Analyse sind aber auch einige Risiken und Schwierigkeiten zu erkennen: Meist ist schon die Identifikation des passenden Beraters nicht einfach. Freie Fördermittelberater für gemeinnützige Organisationen sind eine seltene Spezies. Manchmal bieten auch Fundraisingagenturen eine entsprechende Beratung. Die Herausforderung besteht darin, den wirklich kompetenten Dienstleister zu entdecken. Lassen Sie sich auf jeden Fall persönliche Referenzkontakte und Referenzprojekte nennen.

Die Kosten für die externe Beratung müssen abgedeckt werden. Auch wenn Sie ein erfolgsbezogenes Bezahlungsmodell vereinbaren, können Sie das Geld nicht einfach aus der Fördersumme abzweigen! Provisionsmodelle sind für den Dienstleister außerdem nur dann interessant, wenn es um größere Summen geht und sich die Erfolgsaussichten genauer abschätzen lassen. In vielen Fällen wird nach festen Stundensätzen abgerechnet. Um in keine Kostenfalle zu laufen, würde ich immer einen verbindlichen Zeitrahmen für die Umsetzung der Beraterleistung verlangen.

Eine externe Beratung kann nicht aus der Fördersumme finanziert werden!

Auch wenn der Berater Ihnen bestimmte Tätigkeiten abnimmt, müssen Sie für das Briefing, die Einarbeitung und die Steuerung mit zusätzlichem internen Aufwand rechnen. Machen Sie sich bewusst, dass der externe Förderfachmann nur so gut sein kann, wie die Informationen, die er von Ihnen bekommt. Generell steigt bei zusätzlichen Ansprechpartnern immer das Risiko, dass bei der Kommunikation wichtige Informationen verloren gehen.

Berater müssen informiert und gesteuert werden. Ihr Einsatz kann das Image der Organisation schädigen!

Wenn Sie die Verantwortung für ein Projekt weitgehend aus der Hand geben, bringen Sie sich in ein starkes Abhängigkeitsverhältnis und der Know-how-Gewinn für die eigene Organisation ist sehr beschränkt. Wenn der Berater auch für Ihre direkte Konkurrenz tätig ist und Sie nicht davon wissen, kann es zu Interessenkonflikten kommen. Nicht zuletzt droht Ihnen ein erhebliches Imagerisiko, wenn der Berater in Ihrem Namen bei Förderern einen schlechten Eindruck hinterlässt.

Grundsätzlich empfehle ich, die direkte Kommunikation mit den Förderern immer selbst zu übernehmen, da es vonseiten der fördernden Institution oft Vorbehalte gegen zwischengeschaltete Berater gibt. Der Förderer will schließlich eine vertrauensvolle Beziehung *zu Ihnen* aufbauen und nicht zu einem Berater, der mit der Projektumsetzung dann ggf. nichts zu tun hat. Sie sehen, dass der Einsatz von externen Dienstleistern wohlüberlegt sein will.

Abschließend wollen wir noch einen kurzen Blick auf das Leistungsangebot von Beratern werfen. Manchmal besteht Unterstützungsbedarf nur in einer bestimmten Projektphase, wie z. B. bei der Konzeption, der Recherche oder der Antragstellung. Bei komplexeren Projekten können Sie aber auch den ganzen Prozess begleiten lassen. Wenn Sie selbst einen eigenen Verantwortungsbereich für Fördermittelbeschaffung aufbauen wollen, kann der Dienstleister Sie auch beim Aufbau entsprechender Strukturen sowie der Qualifizierung und dem fachlichen Coaching der Mitarbeiter unterstützen.

Checkliste 31: Kriterien für die Auswahl von Beratern

Interne Prüfung
• Haben Sie ausreichende Ressourcen, den Berater zu briefen und zu steuern?
• Haben Sie ein ausreichendes Budget für die Dienstleistungen?

• Dürfen Informationen über das Vorhaben nach außen gelangen?
• Für welche Arbeiten und Prozessschritte benötigen Sie eine Unterstützung?
• Wie stellen Sie sich den Rahmen der Zusammenarbeit vor?
Kompetenzen des Dienstleisters
• Persönliche Referenzen und Empfehlungen von Kunden
• Fachliches Know-how und nachgewiesene Erfahrungen in Ihrer Branche
• Persönlicher Eindruck aus der Erstberatung
Kriterien für das Angebot
• Sind Inhalt und Umfang der Aufgabenpakete eindeutig benannt?
• Wie sind die Informations- und Kommunikationsprozesse definiert?
• Sind die Abrechnungsmodalitäten transparent?
• Gibt es eine Obergrenze für die Kosten und entspricht diese Ihrem Budget?
• Was passiert, wenn eine Seite die Zusammenarbeit beenden möchte?
• Passt der zeitliche Rahmen zu Ihren Wünschen?
• Gibt es einen festen Ansprechpartner für das Projekt?
• Gesamteindruck des Angebots

Teil 6: Werkzeuge für die tägliche Praxis

In diesem Teil:

Hier finden Sie kurz und prägnant zusammengefasst die grundlegenden Informationen über Fördermittel und die besten Tipps und Ideen, wie Sie diese in fünf systematischen Schritten für Ihre gemeinnützige Organisation erschließen können. Damit haben Sie in wenigen Minuten das notwendige Fachwissen wieder präsent.

Die fünf Schritte der Fördermittelakquise kompakt

Checklisten sind am sinnvollsten wenn man Sie direkt bearbeiten und verändert kann. Aus diesem Grund finden Sie alle Checklisten des Handbuchs im Wordformat zum Download unter: www.checklisten.foerder-lotse.de.

Schritt 1: Konzeption der Maßnahme mit Ausarbeitung und Festlegung der inhaltlichen, organisatorischen, personellen, finanziellen und zeitlichen Rahmenbedingungen

Klären Sie Ihre Aufgabenstellung *(Checkliste 1)*

- Wer ist der Auftraggeber?
- Wie lautet der Arbeitsauftrag?
- Haben Sie Zugang zu den notwendigen Ressourcen?
- Hat das Vorhaben ausreichende Erfolgsaussichten?

Entwickeln Sie Ihr Konzept anhand der folgenden sieben Leitfragen

Um ein überzeugendes Konzept zusammenzustellen, müssen Sie die folgenden sieben Fragen schlüssig beantworten können

(1) Warum ist das Vorhaben notwendig? *(Checkliste 2)*

- Gibt es einen wirklichen Bedarf für das Projekt, der für potenzielle Förderer nachvollziehbar und förderwürdig darstellbar ist?

(2) Was ist die Idee? *(Checkliste 3)*

- WAS und WER soll erreicht werden?
- WIE soll es erreicht werden?
- WANN soll es erreicht werden?
- WO wird das Projekt durchgeführt?

(3) Was soll konkret erreicht werden? *(Checkliste 4, 5, 6)*

- Definition der Zielgruppen und des örtlichen Bezugs
- Wer ist direkt am Projekt beteiligt?
- Wer ist indirekt vom Projekt betroffen?
- SMARTe Zieldefinition (spezifisch, messbar, attraktiv/akzeptabel, realistisch, terminierbar)
- Wirkungsziele und projektbezogene Ziele

(4) Warum ausgerechnet mit Ihnen? *(Checkliste 7)*

- Selbstverständnis
- Organisatorische Kompetenzen
- Finanzielle Kompetenzen
- Kompetenzen der beteiligten Mitarbeiter

(5) Wie soll das Vorhaben umgesetzt werden? *(Checkliste 8)*

- Überblick Gesamtprojektplan
- Verantwortlichkeiten und Aufgaben
- Einzelaktivitäten und Teilprojekte
- Ziele
- Planungs-, Steuerungs-, Abstimmungs- und Informationsprozesse und -systeme
- Qualitätssicherung und Monitoring
- Budget- und Ressourcenplan
- Nachhaltigkeit
- Evaluation
- Öffentlichkeits- und Pressearbeit
- Verbreitung der Ergebnisse

(6) Warum benötigen Sie Unterstützung?

(7) Warum ist Ihr Vorhaben besser als andere? ***(Checkliste 9)***

- Was kann meine Organisation besser als andere?
- Was hebt mein Projekt von anderen ähnlichen Aktivitäten ab?

Schritt 2: Recherche von passenden Förderquellen und Ausschreibungen sowie Analyse der jeweiligen Bedingungen

Definieren Sie mögliche Selektionskriterien für Ihr Vorhaben (Checkliste 10)

- Zeitliche Rahmenbedingungen
- Örtlicher Bezug des Vorhabens
- Bezieht sich das Vorhaben auf einen Verantwortungsbereich der öffentlichen Hand?
- Thematischer Bezug 1: gemeinnützige und sozialpolitische Zwecke
- Thematischer Bezug 2: wirtschaftspolitische Zwecke
- Direkte und indirekte Zielgruppen
- Projektausrichtung
- Bestehende und potenzielle Finanzierungsmöglichkeiten
- Was soll gefördert werden?
- Wie flexibel kann das Vorhaben an mögliche Wünsche von Förderinstitutionen angepasst werden?
- Werden bestimmte Förderinstitutionen grundsätzlich ausgeschlossen?

Analysieren Sie die bestehenden Beziehungen zu Förderinstitutionen *(Checkliste 11)*

- Welche Institutionen haben uns in der Vergangenheit gefördert?
- Welche Förderinstitutionen kennen unsere Aktivitäten?
- Welche Organisationsmitglieder haben Kontakte zu Förderinstitutionen?
- Welche externen Personen/Entscheider und welche Institutionen kennen unsere Aktivitäten und haben Beziehungen zu Förderinstitutionen oder können uns empfehlen?

Bauen Sie sich eine eigene Förderdatenbank auf *(Checkliste 12)*

Nutzen Sie die übergreifenden Informationsquellen zu Zuschussmöglichkeiten ***(Checkliste 13)***

- Regionale Informationsquellen
- Regionale Interessengruppen
- Nationale Informationsquellen

Gehen Sie bei der Recherche der Fördermöglichkeiten stufenweise vor ***(Checkliste 14)***

- Bestehende Förderbeziehungen
- Eigene Dachverbände und Netzwerke
- Soziallotterien
- Regionale Institutionen der öffentlichen Hand
- Regionale Stiftungen und Förderfonds
- Landes- und Bundesinstitutionen der öffentlichen Hand und EU-Strukturfonds
- Bundesweit aktive Förderstiftungen und Förderfonds
- Europäische und globale Fördermöglichkeiten

Schritt 3: Ausarbeitung der inhaltlichen Beschreibung und der Finanzierung im Förderantrag

Analysieren Sie die recherchierten Ausschreibungsinformationen

Prüfung der kritischen Rahmenfaktoren *(Checkliste 15)*

- Gibt die Institution überhaupt Fördermittel an externe Antragsteller?
- Ist die mögliche Fördersumme überhaupt relevant für Ihr Projekt?
- Ist das Förderprogramm regional ausgerichtet?

Überprüfung der weichen Faktoren

- Passen Zielgruppen und Themen der Ausschreibung zu Ihrem Projekt?
- Vertragen sich Selbstverständnis, Werte und Außenwirkung der Förderpartner miteinander?

Überprüfen Sie genau die formalen Vorgaben (Checkliste 16)

- Vorgaben für die Form der Antragstellung
- Vorgaben für den/die Antragsteller
- Vorgaben für das Vorhaben

Formulieren Sie einen überzeugenden Antrag

Vor der schriftlichen Antragstellung immer Kontakt zur Förderinstitution aufnehmen *(Checkliste 17)*

Passen Sie Ihren Schreibstil und die Textstruktur an die Anforderungen der drei Lesergruppen (Formalist, Experte, Entscheider) an *(Checkliste 18)*

Der Förderantrag besteht gewöhnlich aus mindestens drei Teilen:

- Das Anschreiben dient dem Beziehungsaufbau, fasst das Projekt knapp zusammen und stellt das Alleinstellungsmerkmal heraus *(Checkliste 19)*
- Der Projektantrag dient der Darstellung der Kompetenzen der Organisation, beinhaltet die detaillierte Projektbeschreibung und Planung *(Checkliste 20)*
- Die Anlagen enthalten die angeforderten Belege *(Checkliste 21)*

Planen Sie bei der Antragstellung immer genügend Pufferzeiten ein.

Orientieren Sie sich beim Einsatz von Sach- und Personalmitteln als Einnahmen immer an den branchenüblichen Vergleichskosten! *(Checkliste 22)*

Die Höhe der Eigenbeteiligung wird als Ausdruck des eigenen Engagements für das Vorhaben bewertet. Erfassen Sie die Einnahmenseite. *(Checkliste 23)*

Beachten Sie bei den Ausgaben: Fördersummen werden fast nie nachträglich aufgestockt! *(Checkliste 24)*

Schritt 4: Entscheidung der Stiftung über die Förderung – und Entscheidung des Antragstellers über die Annahme der Mittel: Vertragsabschluss

Die Prüfung Ihres Antrags durch die Förderinstitution erfolgt in der Regel in drei Schritten

- Formale Prüfung
- Prüfung durch Experten
- Endgültige Auswahl in einem Entscheidungsgremium

Bei größeren Förderprojekten kann es noch zu einer persönlichen Treffen mit den Entscheidern der Förderinstitution kommen. Bereiten Sie sich entsprechend vor. *(Checkliste 25)*

Falls Sie eine Absage erhalten haben, analysieren Sie die möglichen Gründe, um zukünftige Anträge zu optimieren.

Wenn Sie eine Zusage bekommen, prüfen Sie zuerst, ob sich Ihr Projekt noch wie beantragt durchführen lässt! *(Checkliste 26)*

Schritt 5: Umsetzung der Maßnahme, Abschlussbericht und Endabrechnung

Bevor es mit dem Förderprojekt losgeht, wird ein Fördervertrag mit folgenden Inhalten geschlossen:

- Auszahlungsplan
- Meilensteine und terminliche Rahmendaten
- Berichtswesen
- Abrechnungsmodalitäten
- Leitlinien für die gemeinsame Außenkommunikation
- Genereller Rahmen der Zusammenarbeit.

Der Projekt-Kick-off stellt sicher, dass alle Beteiligten auf dem gleichen Informationsstand sind. *(Checkliste 27)*

Wenn sich Probleme oder Risiken abzeichnen, sprechen Sie unbedingt mit der Förderinstitution

Stimmen Sie mit der Förderinstitution die Außenkommunikation ab *(Checkliste 28)*

Mit dem Projektstart solle das finanzielle Projektcontrolling installiert sein *(Checkliste 29)*

Zum Schluss – nach dem Antrag ist vor dem Antrag

Fachwissen zur Förderlandschaft kompakt

Die sieben grundlegenden Bedingungen der Finanzierung durch Fördermittel

Fördermittel sind freiwillige Leistungen in Form von nicht rückzahlbaren Finanzhilfen, die von öffentlichen und privaten Institutionen vergeben werden, um bestimmte gesellschaftliche oder wirtschaftspolitische Zwecke zu verfolgen.

Voraussetzung für Förderprojekte ist eine Partnerschaft zwischen Förderer und Gefördertem. Dadurch müssen geförderte Aktivitäten zusätzliche Anforderungen erfüllen, die sie nicht berücksichtigen müssten, wenn sie ohne Förderung umgesetzt würden.

Fördermittel unterscheiden sich deutlich von öffentlichen oder privaten Ausschreibung für Dienstleistungen, weil in der Regel ein substanzieller Eigenbetrag eingefordert wird.

Eine Investitionsförderung ist nur in wenigen Ausnahmefällen wahrscheinlich.

Förderung ist immer ein zeitlich begrenztes Unterfangen. Die Höchstförderdauer ist meist auf zwei oder drei Jahre beschränkt.

Bei allen Förderprogrammen gilt kategorisch der Grundsatz: Eine rückwirkende Förderung ist ausgeschlossen.

Etwa 70 Prozent aller Förderinstitutionen sind nur regional aktiv.

Die sieben wichtigsten Rahmenbedingungen für öffentliche Zuschüsse

Die Fördermittel der öffentlichen Hand übertreffen alle anderen Finanzierungsquellen für gemeinnützige Träger um ein Vielfaches.

Gemeinnützige Träger können in vielen Fällen auch die Förderprogramme der Wirtschaftsförderung nutzen, z. B. Arbeitsmarkt, Förderung von kleinen und mittelständischen Unternehmen KMU, Förderung des ländlichen Raums.

Nur ein Teil der öffentlichen Zuschüsse wird in festen Förderprogrammen ausgeschrieben. Viele Mittel werden im Rahmen des eigenen Ermessens von Dienststellen oder durch die Abstimmung in entsprechenden Entscheidungsgremien auf Antrag vergeben.

Achten Sie auf die Subsidiarität der öffentlichen Mittelvergabe, insbesondere darauf, dass öffentliche Zuschüsse nicht beliebig miteinander kombiniert werden können.

Der Erfolg beim Einwerben von öffentlichen Fördermitteln hängt im hohen Maße von der gezielten Öffentlichkeitsarbeit, Interessenvertretung und Netzwerkarbeit ab. Kooperieren Sie dazu mit Partnern und nutzen Sie die Strukturen Ihrer Verbände.

Bei staatlicher Förderung fließen die Gelder meist nur langsam – achten Sie aus diesem Grund auf eine ausreichende Liquidität in Ihren Projekten!

Die öffentliche Hand ist immer der erste Ansprechpartner für gemeinnützige Projekte! Viele andere Förderer sind nur dann zu einer Unterstützung bereit, wenn die öffentliche Hand nachweislich das Projekt unterstützt, es aber nicht selbst finanzieren kann.

Die sieben wichtigsten Rahmenbedingungen für die EU-Förderung

Ein Großteil aller EU-Mittel wird auf nationaler oder regionaler Ebene der Mitgliedsstaaten vergeben!

Für die Europäische Union ist sozial vor allem das, was es den Bürgern ermöglicht, ihren Lebensunterhalt durch Arbeit zu bestreiten. Der Europäische Sozialfonds (ESF) dient dementsprechend vor allem der Arbeitsmarktpolitik. ESF-Mittel in Deutschland werden sowohl von den Bundesministerien als auch über die Strukturen der Bundesländer vergeben.

Der Europäische Fonds für Regionale Entwicklung (EFRE) ist vor allem für gemeinnützige Organisationen in Grenzregionen interessant, wenn Sie gemeinsame Aktivitäten mit Organisationen in Nachbarländern finanzieren möchten.

Träger im ländlichen Raum sollten die regionalen Förderprogramme aus dem Europäischen Landwirtschaftsfonds (ELER) mit seinem Unterprogramm LEADER überprüfen.

Die Aktionsprogramme für *Lebenslanges Lernen*, *Jugend in Aktion* und *Bürgerinnen und Bürger in Europa* sind eine ideale Finanzierungsmöglichkeit für transnationale Kooperationsprojekte mit Partnern in anderen europäischen Ländern.

Die Aktionsprogramme sind auch für Einsteiger zu empfehlen, die Strukturfonds eher für fördererfahrene Träger.

Die Europäische Union bemüht sich bei der Fördermittelvergabe sehr um Transparenz, klare Ausschreibungsbedingungen und individuelle Beratungsstrukturen.

Die sieben wichtigsten Rahmenbedingungen für die Förderung durch Lotteriemittel

**Die Soziallotterien Aktion Mensch, Ein Platz an der Sonne und Glücksspirale sind eine der wichtigsten Förderquellen für die Sozialwirtschaft. Eine Förderung kann deutschlandweit beantragt werden. Ihr jährliches Fördervolumen liegt zwischen 250 und 300 Mio. Euro.
In Berlin, Brandenburg, Sachsen-Anhalt, Rheinland-Pfalz, Niedersachsen und Nordrhein-Westfallen können über verschiedene regionale Strukturen Fördermittel aus Lotterieeinnahmen beantragt werden.**

Die Aktion Mensch und ein Platz an der Sonne sind zwei der wenigen Fördermöglichkeiten für Investitionsprojekte. Dabei wurden die Höchstfördersummen aber auf 250.000 bzw. 350.000 Euro reduziert.

Die Antragstellung läuft für Träger, die einem Wohlfahrtsverband angehören, immer über die eigenen Verbandsstrukturen. Dort gibt es feste Ansprechpartner, die einen durch den gesamten Antragsprozess lotsen sollen.

Die Aktion Mensch unterstützt ausschließlich die Zielgruppen „Menschen mit Behinderung oder sozialer Benachteiligung" sowie Projekte der Kinder- und Jugendhilfe.

Die Mittel von ein Platz an der Sonne werden über das Deutsche Hilfswerk (DHW) zur Unterstützung sozialer Projekte vergeben. Ein kleinerer Teil fließt in die Förderung des Kuratoriums Deutsche Altenhilfe, welches Bildungsaktivitäten fördert.

Die Mittel der Glücksspirale werden in individuellen Förderprogrammen der einzelnen Verbände der freien Wohlfahrt ausgeschrieben. Träger, die keinem Spitzenverband angehören, sind nicht antragsberechtigt.

Gewerbliche Anbieter und kommunal beherrschte Träger sind bei den Soziallotterien grundsätzlich nicht antragsberechtigt.

Die sieben wichtigsten Rahmenbedingungen für die Zusammenarbeit mit Förderstiftungen

Die Anzahl der Stiftungen hat sich in den letzten 20 Jahren mehr als verdoppelt.

Operative Stiftungen führen ausschließlich eigene Projekte durch, Förderstiftungen unterstützen externe Träger zur Umsetzung der eigenen Satzungsziele.

Bei Stiftungen muss das Eigenkapital erhalten bleiben. Fördermittel können nur aus den Kapitaleinnahmen und sonstigen Zuwendungen und Spenden bestritten werden.

Die Ausgaben der Förderstiftungen in Deutschland liegen jährlich bei etwa 3 Mio. Euro

80 Prozent aller Stiftungen fördern nur örtlich oder regional, neun Prozent bundesweit, sechs Prozent im In- und Ausland und fünf Prozent nur im Ausland.

Die fünfzehn größten Stiftungen in Deutschland verfügen über 25 Prozent des Gesamtvermögens aller Stiftungen

Die Daten aller Stiftungen bürgerlichen Rechts sind über die Stiftungsdatenbanken der Aufsichtsbehörden der Länder im Internet zugänglich.

Die sieben wichtigsten Rahmenbedingungen für die Förderung durch Unternehmen, Verbände und Kirchen

Die Hilfs- und Förderfonds der Medien haben meist ein beträchtliches Fördervolumen und arbeiten vergleichsweise schnell und unbürokratisch. Darüber hinaus können Sie einen unbezahlbaren Beitrag zur Öffentlichkeitsarbeit leisten.

Öffentliche, genossenschaftliche und private Finanzinstitute schreiben eine Vielzahl von Förderprogrammen aus.

Große gewerbliche Unternehmen sehen die Förderung von gemeinnützigen Organisationen als Teil Ihrer „Corporate Social Responsibility"-Strategie (CSR).

Die Sozialversicherungsträger, wie Agenturen für Arbeit, Kranken- und Pflegeversicherungen, sowie die Berufsgenossenschaften können einen Teil Ihres Budgets zur Förderung von innovativen Pilotprojekten ausschreiben.

Die verschiedenen Verbände bieten ihren Mitgliedern nicht selten gezielte Förderprogramme, die erstaunlicherweise meist wenig bekannt sind.

Bei den Fördermitteln aus dem kirchlichen Umfeld ist meist eine informelle Vorgehensweise erforderlich.

Bei diesen Förderern sind die Grenzen zwischen Spenden, Sponsoring und klassischer Fördermittelvergabe häufig fließend.

Sieben Tipps zum strategischen Aufbau der Fördermittelakquise

Das Einwerben von Fördermitteln erfordert spezifisches Fachwissen und viel Routine. Der Aufbau entsprechender Strukturen erfordert ausreichende Investitionen und genügend Zeit.

Die Gewinnung von Fördermitteln ist eine Teamaufgabe. Verantwortliche müssen auf die Unterstützung der gesamten Organisation bauen können.

Fördermittelreferenten müssen frühzeitig in die strategische Planung einbezogen werden damit sie rechtzeitig mit Ihren Vorbereitungen beginnen können.

Die Finanzierung der Mitteleinwerbung selbst ist grundsätzlich nicht durch Fördermittel möglich sondern muss über eine Umlage erfolgen.

Der Return on Investment (ROI) kann gegenüber der klassischen Spendengewinnung sehr hoch sein.

Der Einsatz von Beratern muss gründlich durchdacht und vorbereitet werden.

Die Gewinnung von Fördermitteln erfordert den persönlichen Einsatz der Leitungskräfte.

Die sieben häufigsten Fehler bei der Fördermittelakquise

Die Konzepte der Aktivitäten, für welche Fördermittel eingeworben werden sollen, sind nicht ausreichend ausgearbeitet.

Das Projekt hat vor allem organisationsinterne Ziele und ist für einen externen Förderer nicht attraktiv.

Mit der Recherche der Fördermöglichkeiten und der Vorbereitung der Antragstellung wird bei der Ausarbeitung von Konzepten zu lange gewartet.

Es werden keine ausreichenden Eigenmittel zur Verfügung gestellt.

Der Verantwortliche für die Mittelbeschaffung erhält keine ausreichende Unterstützung durch die Führungskräfte und die internen Fachleute.

Der Mehraufwand für die Kooperation mit dem Förderpartner wird unterschätzt.

Nach Abschluss des Fördervertrags findet kein koordinierendes Kick-off-Meeting aller Beteiligten statt.

Teil 7: Literatur und Internetlinks

Empfehlenswerte Literatur

Gregory, Alexander / Lindlacher, Peter

Fundraising in Süddeutschland

Tipps und Adressen zur Finanzierung von Vereinen, Projekten und gemeinnützigen Einrichtungen in Bayern, Baden-Württemberg und anderswo

ISBN: 978-3-940865-09-0

Gregory, Alexander / Lindlacher, Peter / Klein, Gabi / Theissen-Boljahn, Wilfried

Fundraising in Nordrhein-Westfalen

Tipps und Adressen zur Finanzierung von Vereinen, Projekten und gemeinnützigen Einrichtungen in Nordrhein-Westfalen und anderswo

ISBN: 978-3-930830-52-7

Damm, Diethelm / Klinger, Karin / Gregory, Alexander / Lindlacher, Peter

Fundraising in Hessen, Rheinland-Pfalz und dem Saarland

Tipps und Adressen zur Finanzierung von Vereinen, Projekten und gemeinnützigen Einrichtungen in Hessen, Rheinland-Pfalz, dem Saarland und anderswo

ISBN: 978-3-930830-53-4

Gregory, Alexander / Lindlacher, Peter

Stiftungen nutzen – Stiftungen gründen

Schritt für Schritt zur Unterstützung Ihrer Projekte durch Stiftungen

ISBN: 978-3-928053-99-0

Netzwerk Selbsthilfe e. V., Berlin

Fördertöpfe für Vereine, selbstorganisierte Projekte und politische Initiativen

290 Stiftungen und Förderquellen im Porträt, 11. vollständig überarbeitete Auflage 2011

Bestellformular online: www.netzwerk-selbsthilfe.de

Bortoluzzi Dubach, Elisa

Stiftungen – Der Leitfaden für Gesuchsteller

Die Welt der Stiftungen und wie man diese nachhaltig als Förderer und Projektpartner gewinnen kann

ISBN: 978-3-7193-1429-3

Fundraising Akademie (Hg.)

Fundraising

Handbuch für Grundlagen, Strategien und Methoden

ISBN: 978-3-8349-0820-9

Pichert, Daniel

Erfolgreich Fördermittel einwerben

Tipps und Tricks für das Schreiben von Projektanträgen

ISBN 3-8349-0216-0

Der Paritätische Gesamtverband e. V. / Die Paritätische Bundesakademie gGmbH / Spendenwerk/Triodos Bank N.V. Deutschland (Hg.)

Arbeitshandbuch Finanzen für den sozialen Bereich

Von der öffentlichen Förderung zur zukunftsorientierten Finanzierungsgestaltung

ISBN 978-3-938553-22-0

Gerlach-March, Rita

Kulturfinanzierung

Finanzierungsformen für Kulturbetriebe durch öffentliche und private Mittel mit besonderem Augenmerk auf innovative Modelle und erfolgreiche Beispiele

ISBN: 978-3-531-15913-3

LKD/BJKE u. a. (Hg.),

Kursbuch Kulturförderung

Finanzierungsleitfaden zur Jugend- und Kulturarbeit

ISBN: 978-3-931949-36-5

Bundesministerium für Umwelt, Naturschutz und Reaktorsicherheit (BMU):

Finanzierungshandbuch für Naturschutzmaßnahmen

Kostenloser Download unter:
http://www.bfn.de/fileadmin/MDB/documents/foerderung/broschuere_finanzierungshdb-oV.pdf

Bertelsmann Stiftung (Hg.)

Handbuch Bürgerstiftungen – Ziele, Gründung, Aufbau, Projekte

Das Buch bietet umfassende Informationen über diese neue Stiftungsform sowie konkrete Hinweise und Konzepte zum Aufbau und Management einer Bürgerstiftung.

ISBN 978-3-89204-766-7

Bundesverband Deutscher Stiftungen (Hg.)

Praxisratgeber Bürgerstiftungen

Fundraising, Marketing, Gremienarbeit, Kooperationen

ISBN 978-3-927645-99-8

Bundesverband Deutscher Stiftungen (Hg.)

StiftungsReport 2007. Schwerpunkt: Bürgerstiftungen

ISBN 3-927645-88-5

Bundesverband Deutscher Stiftungen (Hg.)

StiftungsReport 2008/09. Wie Vielfalt zusammen hält – Projekte, Initiativen und Menschen

ISBN 3-927645-84-2

Bundesverband Deutscher Stiftungen (Hg.)

StiftungsReport 2009/11. Engagement kennt kein Alter

ISBN 978-3-941368-01-9

Bundesverband Deutscher Stiftungen (Hg.)

StiftungsReport 2010/11. Stadt trifft Stiftung: Gemeinsam gestalten vor Ort

ISBN 978-3-941368-07-1

Bundesverband Deutscher Stiftungen (Hg.)

StiftungsReport 2011/12. Auftrag Nachhaltigkeit: Wie Stiftungen das Klima schützen

ISBN 978-3- 941368-21-7

Kostenlose Reports „Wissen für soziale Investoren"
der Bertelsmann Stiftung:

> **Ende gut – alles gut: Förderpartnerschaften erfolgreich**
>
> **Engagement mit Wirkung: Warum Transparenz über die Wirkungen gemeinnütziger Aktivitäten wichtig ist**
>
> **Gut gemeint – schlecht gemacht: Was tun, wenn Förderprojekte scheitern?**
>
> **In Wissen investieren: Förderschwerpunkte erkunden und verstehen**
>
> **Ja sagen – nein sagen: Förderanträge professionell annehmen oder ablehnen**
>
> **Nachmachen erwünscht: Methoden erfolgreichen Projekttransfers**

(Download unter: http://www.bertelsmann-stiftung.de/cps/rde/xchg/SID-BF0E2D81-C4130FB9/bst/hs.xsl/87723_87727.htm?suchrubrik=)

Stiftungsverzeichnisse

Das *Verzeichnis Deutscher Stiftungen* des Bundesverbands Deutscher Stiftungen, Ausgabe 2010, erscheint in drei Ausführungen:

Verzeichnis Deutscher Stiftungen

4 Bände und CD-Rom.

ISBN: 978-3-941368-15-6

Verzeichnis Deutscher Stiftungen

Band 1 mit CD-Rom

ISBN: 978-3-941368-17-0

Verzeichnis Deutscher Stiftungen

Bände 1-3 und Registerband

ISBN: 978-3-941368-16-3

Der **Maecenata Stiftungsführer 2010**
ist als PDF-Dokument unter der Internetadresse:
www.stiftungsfuehrer.maecenata.eu/ zu bestellen.

ISBN: 978-3-935975-53-7

Zeitschriften/Magazine

StiftungsWelt. Das Magazin des Bundesverbandes Deutscher Stiftungen

Grundlagenwissen über Stiftungen, Hintergrundberichte zu aktuellen Themen aus der Stiftungsszene, Neuigkeiten, Literatur- und Rechtshinweise aus der Stiftungslandschaft – all das bietet Ihnen die StiftungsWelt vierteljährlich neu.

Stiftung und Sponsoring: Das Magazin für Non-Profit-Management und -Marketing

Themen: Rechtliche und steuerliche Problemstellungen, praktische Fragen zur Führung, Organisation, Fördertätigkeit, Vermögensverwaltung und Kommunikationsarbeit von Stiftungen. Porträts beispielhafter Stiftungs- und Sponsoringaktivitäten, Erfahrungen aus dem Ausland, Entwicklungen in Inland und Möglichkeiten der Fortbildung gehören zum festen Inhalt. Erscheint sechs Mal jährlich.

Das Fundraiser Magazin: Das Branchenmagazin für Spendenmarketing, Stiftungen und Sponsoring

Themen: Aktuelles Schwerpunktthema, Stiftungen, Projekte, Praxis und Erfahrung, Interviews mit Experten, Termine, aktuelle Literatur, Dienstleisterverzeichnis. Erscheint sechs Mal jährlich.

FUNDStücke: Das Mitgliedermagazin des Deutschen Fundraising Verbands

Themen: Aktuelles Schwerpunktthema, Interviews mit Experten, Aus der Praxis, Aus dem Verband, Literatur- und Veranstaltungstipps. Erscheint vier Mal jährlich.

Internetverzeichnis

Da sich Internetadressen regelmäßig ändern, haben wir uns entschieden diesen Teil ausschließlich im Internet unter www.links.foerdermittelfuehrer.de zur Verfügung zu stellen. So können wir die Adressen für Sie stets aktuell halten und Sie müssen die Adressen nicht mühsam abtippen.

Folgende Rubriken finden Sie dort:

Öffentliche Stiftungsverzeichnisse der Bundesländer

Thematische Stiftungs- und Förderverzeichnisse

Internetportale und Informationsquellen rund um die Fördermittelakquise

Verbände und Beratungsstellen

Öffentliche Förderdatenbanken

Blogs und Newsletter

Förderinstitutionen, die jeder kennen sollte

Stichwortverzeichnis